Secreteos de un Babalao

Secreteos de un Babalao

Revelaciones de la vida secreta del mundo del ocultismo

CLEMENTE ORLANDO OVIEDO

CITI OF BOOKS

CITIOFBOOKS, INC.
3736 Eubank NE Suite A1
Albuquerque, NM 87111-3579
www.citiofbooks.com
Hotline: 1 (877) 389-2759
Fax: 1 (505) 930-7244

Ordering Information:

Quantity sales. Special discounts are available on quantity purchases by corporations, associations, and others. For details, contact the publisher at the address above.

Printed in the United States of America.

ISBN-13:   Softcover   978-1-960952-90-5
              eBook   978-1-960952-91-2
              Hardback   978-1-962366-17-5

Library of Congress Control Number: 2023913855

TABLE OF CONTENTS

PRÓLOGO

El libro *Secretos de un Babalao*, contiene revelaciones inéditas de una dimensión que se mueve junto a la nuestra e influye y domina muchas áreas de las vidas de las personas, y crea ataduras imposibles de superar materialmente.

Arroja luz sobre diferentes acontecimientos que hoy agobian a la humanidad, sin que se tenga la respuesta del porqué de tales sucesos; como son la violencia, el ocultismo, las adicciones y las enfermedades.

Secretos de un Babalao ilumina en muchos casos de las desviaciones sexuales inexplicables desde el punto de vista material. El libro habla de cómo las familias son llevadas a las consultas y captadas para ritos religiosos escalofriantes. El libro declara ceremonias que nunca se han revelado a alguien que no haya pasado por los juramentos de iniciación; ceremonias que revelan la participación de seres espirituales malvados.

El libro *Secretos de un Babalao* tiene el objetivo de ayudar a que la humanidad conozca el origen, y cuáles son los fundamentos del ocultismo en todas sus manifestaciones. Este describe el secreto de por qué alguien pretende llamarse adivino, y cómo realiza sus predicciones y adivinaciones; también nos cuenta lo que hay de cierto en las adivinaciones.

Este libro revela que el mundo del ocultismo tiene elecciones espirituales, donde anualmente declaran un gobernante espiritual sobre el país, todos los 1 de enero, y cómo lo hacen. Los secretos cuentan cómo secretamente y a la vista de todos, sin que nadie se dé cuenta, son atraídos cantidad de espíritu de maldad sobre los pueblos por la sangre de animales sacrificada a los ídolos.

AGRADECIMIENTOS

En primer lugar, mi agradecimiento a Dios por hacer posible que este libro sea realizado.

Aprovecho esta ocasión para reconocer y dar gracias a mi amigo Lázaro Canto su maravillosa esposa Milagros y familia que me acogieron y fueron extremadamente buenos conmigo a mi llegada de Cuba. Si este libro llegara a sus manos quiero que sepan públicamente que le estoy agradecido y pido a Dios por su salvación y la de sus familiares.

Agradecimiento a los Pastores Ángel y Blanca Ortiz por su cooperación y oraciones a la producción de este.

Agradezco a mi hermano en Cristo, Luis y su esposa Yoli por todo el trabajo realizado.

Agradezco en reconocimiento a mi hijo Eliezer por ser usado por Dios en esta nueva etapa del libro.

Agradecimiento a todos mis hermanos en Cristo por sus oraciones. Dios les bendiga.

INTRODUCCIÓN

En la actualidad cientos de miles de personas acuden a las religiones ocultas buscando solución a sus problemas, y esto ocurre por el gran y absoluto desconocimiento de la verdad que se encierra detrás de los secretos y misterios de esas religiones tales como: Santería, Espiritismo, Palo Mayombería, Balalaísmo, Osainismo y sus dependencias.

Creo realmente que si las personas que están ejerciendo estas religiones, comenzando por los sacerdotes llamados "padrinos" y seguido por los que acuden a las consultas, más los que nunca han ido a consultarse, conocieran con lujo de detalles de una forma clara lo que hasta ahora ha estado oculto, más de un noventa por ciento se retirarían inmediatamente de esas religiones, y las personas inocentes que nunca han ido a una consulta, jamásirían.

El ocultismo atrae a las personas precisamente por lo que oculta, por lo misterioso, y aunque todos no resuelven sus problemas, sí todos son comprometidos material y espiritualmente también. He aquí la razón poderosa que me ha llevado a escribir con estas palabras de luz, las cuales van a iluminar su entendimiento, de manera que conozca la verdad a través de una luz en las tinieblas.

Se hace necesario revelar todos estos misterios para que muchas personas puedan ser libres y sanas. Estas liberaciones traerán también un gran alivio a la sociedad de influencias malignas espirituales las cuales caen sobre los pueblos que ejecutan tales religiones y los que se asocian al permitirlas. Las bendiciones llegan a los pueblos que aman verdaderamente a Dios (Deuteronomio 28, 6-7): *"Bendito serás en tu entrar y bendito en tu salir. Jehová derrotará a tus enemigos que se levantaren contra ti. Por un camino saldrán contra ti, y por siete caminos huirán de delante de ti"*.

Todos tenemos una oportunidad de comenzar una nueva vida. Para comenzarla se necesita tener un motivo para hacerlo. Conocer la verdad puede ser el motivo.

"Y conoceréis la verdad y la verdad os hará libre". Juan 8, 32.

CAPÍTULO 1

EL LLAMADO "SANTO"

La palabra "santo" viene del término hebreo "kadosh", que también significa separado. Cuando se habla de la santería, lo único que pueden decir aquellas personas que creen saber algo del asunto, es que nació en África y que es lukumí, que los negros esclavos la trajeron a Cuba, y que es una religión yoruba. La palabra lukumí es una palabra que se encuentra dentro del dialecto de la santería y quiere decir (él golpea a mí). Es muy posible que esta frase fuera muy popular entre los esclavos, producto de la vida de sometimiento de que eran objeto por el opresor, y quizás se tomó la frase como parte de sus orígenes religiosos. Sin embargo, la realidad es que eso no explica el origen de las creencias ni el origen de la religión santera; tampoco explica lo que es el hacerse el llamado "santo" y mucho menos a quienes verdaderamente están adorando y quién recibe esos sacrificios, que, en muchas ocasiones, son en realidad escalofriantes.

Sin lugar a dudas, sabemos por las Sagradas Escrituras, que este nuevo mundo comenzó cuando las lluvias terminaron y el arca de Noé reposó en los Montes de Ararat, en la región de Armania.

"Y reposó el arca en el mes séptimo, a los diecisiete días del mes, sobre los montes de Ararat". Génesis 8, 4.

Esto ha sido probado en diferentes ocasiones y por diferentes personas. Por ejemplo, el doctor Nouri en el año 1882, afirmó haberla visto en el sur del monte. También se ha comprobado por expediciones que han sidoefectuadas entre los años 1973 y 1983. En la

1

actualidad hay grupos de expediciones como por ejemplo el Instituto para Creación Research de San Diego. Anualmente integran el equipo: arqueólogos, geólogos y otros especialistas. (Sacado del Diccionario Bíblico Ilustrado de Samuel Vila y Santiago Escuaín).

Solo yendo a los orígenes de todas las cosas podemos encontrar el único y verdadero fundamento arenoso de estas religiones santeras y ocultistas.

Del arca de Noé salieron ocho personas: Noé, su esposa, tres hijos, y sus tres mujeres.

1. Noé significa: Descanso, tranquilidad.

2. Esposa de Noé.

3. Sem, significa: Renombrado. Este fue el bendecido por su padre Noé. Dios se reveló en Abraham y su descendencia. Sem tuvo cinco hijos los cuales emigraron y ocuparon las siguientes tierras:

Elam, que ocupó Persia. Asur, que ocupó Asiria.

Arfaxad, que ocupó Babilonia, Caldeo.

Lud, que ocupó Lidios, Asia Menor.

Aran, que ocupó Siria, Líbano.

4. Jafet, significa: Engradecido (los gentiles).

Jafet tuvo siete hijos los cuales formaron las naciones de Europa según las escrituras.

"De estos se poblaron las costas, cada cual según su lengua, conforme a sus familias en sus naciones". Génesis 10, 5.

5. Cam, significa Moreno, tostado.

Hijos de Cam - Cus: Significa (en hebreo) Negro.

Fut; Mizraím y Canaán. Estos hijos de Cam junto a Nimrod, hijo de Cus, que fuera el primer poderoso en la tierra, ocuparon Canaán, Egipto, Arabia y las costas de África, entre otras.

6. Las tres esposas de los hijos de Noé.

Todos ellos, cumpliendo el pacto hecho con Dios, fructificaron, multiplicaron y llenaron la tierra. Por lo que todo comenzó allá en la tierra de Canaán.

Los moradores de Canaán e hijos de Cam comenzaron su adoración al dios sol, también conocido como el señor del cielo. Estas adoraciones o cultos religiosos eran motivadas por la enorme sequía existente en aquellas regiones. Esto hacía que los cananeos ofrecieran sacrificios humanos, sobre todo, de niños y niñas que eran quemados vivos.

"No harás así a Jehová tu Dios; porque toda cosa abominable que Jehová aborrece, hicieron ellos a sus dioses; pues aun a sus hijos y a sus hijas quemaban en el fuego a sus dioses". Deuteronomio 12, 3.

Indudablemente que los descendientes de Cam que emigraron y se establecieron en África sin los cuales no hubiera sido posible que la hechicería, la idolatría y el ocultismo se estableciera en la región africana, fueron los que dieron lugar a la esclavitud y a la santería; religión que hasta hoy sigue haciendo los mismos ritos, los mismos sacrificios a las mismas clases de ídolos representados en las mismas formas, que hacen tanto daño a la humanidad. Pueblos, ciudades, países enteros, están cayendo totalmente invadidos por el ocultismo en sus diferentes manifestaciones: Espiritismo, espiritismo científico, cartomansia, síquicos, horóscopos, santería, palería, babalaísmo, etc.

"Cuando entres a la tierra que Jehová tu Dios te da, no aprenderás a hacer según las abominaciones de aquellas naciones. No sea hallado en ti quien haga pasar a su hijo o a su hija por el fuego, ni quien practique adivinación, ni agorero, ni sortílego, ni hechicero, ni encantador, ni adivino, ni mago, ni quien consulte a los muertos. Porque es abominación para con Jehová cualquiera que hace estas cosas, y por estas abominaciones Jehová tu Dios echa estas naciones de delante de ti. Perfecto serás delante de Jehová tu Dios. Porque estas naciones que vas a heredar, a agoreros y a adivinos oyen; mas a ti no te ha permitido esto Jehová tu Dios". Deuteronomio 18, 9– 14.

"Y el hombre o la mujer que evocare espíritus de muertos o se entregare a la adivinación, ha de morir; serán apedreados; su sangre será sobre ellos". Levítico 20, 27.

Los cananeos adoraban el sol, la luna, los ídolos, las piedras, los amuletos y adoraban la diosa del mar. Practicaban la perversión y el homosexualismo entre otras cosas y se entregaron a todo tipo de adivinación (véase Levítico 18 y Deuteronomio 7). Según emigran los hombres, emigran su cultura con ellos. También emigran sus creencias, sus concupiscencias y, como es natural, también emigra con ellos los espíritus que las inspiran.

Todo lo contrario a lo establecido por nuestro Señor Jesús, quien entrando al río, fue bautizado por Juan por inmersión, y al salir de las aguas, el Espíritu Santo descendió sobre él en forma de paloma y se mantuvo sobre él y comenzó inmediatamente después su ministerio.

> "Entonces Jesús vino de Galilea a Juan al Jordán, para ser bautizado por él. Mas Juan se le oponía, diciendo: Yo necesito ser bautizado por ti, ¿y tú vienes a mí? Pero Jesús le respondió: Deja ahora, porque así conviene que cumplamos toda justicia. Entonces le dejó. Y Jesús, después que fue bautizado, subió luego del agua; y he aquí los cielos le fueron abiertos, y vio al Espíritu de Dios que descendía como paloma, y venía sobre él". Mateo 3, 13–17.

Ceremonia del llamado "santo".

En la santería, el iniciado es llevado al río de noche, se mete desnudo en el río y se le echa por encima varios cántaros de agua. Cuando sale del río, recibe un espíritu de demonio (que más tarde será coronado en la ceremonia del llamado "santo"). Después que sale del río, le matan dos palomas blancas en la cabeza y la sangre de las palomas se le echa por diferentes partes del cuerpo. Estos son los primeros pasos de la iniciación de la ceremonia del llamado "santo".

Es importante destacar que en esta ceremonia se sigue todo lo opuesto al bautismo de Cristo. ¿Por qué decimos que se recibe un espíritu de demonio en la ceremonia del río? Porque a la persona que se hace "santo", se le dice que ha nacido a la religión santera, y el espíritu es de demonio porque la persona ha sido bañada en el nombre de un ídolo que nada tiene que ver con Dios, ni con Jesús, ni con el Espíritu Santo. Se tiran cuatro pedazos de cocos a la orilla del río antes que la persona iniciada entre al agua para preguntarle a un ídolo (demonio) que se cree que vive en el río; no es al Padre Celestial al que invocan,

invocan a ídolos que Dios repudia y condena por su adoración a través de los tiempos.

Para los efectos espirituales santeros, hay un nacimiento, porque ha sido colocado un espíritu de un ídolo (demonio) dentro de la persona iniciada, al cual se le levanta un acta de nacimiento, le dan un nuevo nombre, apuntan el día y la fecha en que nació el niño, y no solamente eso, sino que le ponen un padre y una madre, espiritualmente hablando. Todos estos datos del nacimiento del nuevo niño los guarda la madrina o el padrino en una libreta que solamente se le da a esa persona y no se le entrega al nacido o iniciado.

Las personas que trabajan la santería no saben estas cosas, ellos actúan de buena fe, creen que hacen un bien a la humanidad y que nacieron para eso que hacen, de igual manera creen que Dios está en verdad en todo esto. No piense que digo estas cosas de los santeros para aliviar o pasarles la mano para que no se sientan mal, yo lo digo porque amo a los santeros entre los cuales viví por años y todavía tengo familia en la santería. Este libro lo hago por amor a mis hermanos y a la humanidad. No puedo quedarme callado conociendo todas estas cosas. Tengo que decir la verdad con relación a estas cosas espirituales.

Cómo se posesiona el espíritu satánico en la persona que se hace el llamado "santo".

A medida que nos vayamos adentrando en la explicación de todos los secretos que harán que usted pueda comprender con claridad que la santería es y pertenece a Satanás, notará que todo en los ritos y ceremonias está condenado por Dios en las Sagradas Escrituras.

La persona iniciada es arrodillada en el piso, y delante de esta y en el piso también, son colocados los ídolos que representan al llamado "santo".

Estos llamados "santos" se encuentran dentro de unas palanganas o soperas que sirven de recipientes para poner los ídolos. Los animales que van a ser utilizados en el sacrificio a los ídolos los trae el babalao y sus ayudantes del lugar donde los guardaban. Es entonces cuando comienzan los cantos de alabanzas al espíritu que está representado por los ídolos, y que va a comer la sangre del sacrificio. Este espíritu ya se encuentra en el cuerpo de la persona iniciada, lo recibió en el río, y fue al mismo que le dieron la sangre de las dos primeras palomas en el cuerpo de la persona.

La persona iniciada ignora todo esto. Tampoco lo sabe la madrina santera, ni el padrino. Esto es parte del engaño de Satanás para colocar sus espíritus dentro de los cuerpos de las personas y (separarlos) para que le adoren a él. Santo significa separado.

Los animales que se usan para el sacrificio son: chivos, chivas, carneros, gallos, gallinas, entre otros. El animal es decapitado delante de la persona iniciada y la sangre se echa sobre el ídolo que está en el piso dentro de los recipientes, y cuando la cabeza del animal es separada del cuerpo, el iniciado tiene que meter su boca en el centro de la cabeza del animal y comer con su lengua de la sangre que está en la cabeza del animal.

La cabeza del animal decapitado es presentada al iniciado por un santero que la sostiene con las dos manos hacia delante, bailando una danza y un canto de muerte. La persona iniciada desconoce que esto tiene que suceder y que es parte de la ceremonia, porque hasta ese momento era secreto.

> *"Si cualquier varón de la casa de Israel, o de los extranjeros que moran entre ellos, comiere alguna sangre, yo pondré mi rostro contra la persona que comiere sangre, y la cortaré de entre su pueblo". Levítico 17, 10.*

Yo, personalmente, vi muchas personas retorcerse de repugnancia en el momento de meter su boca en la cabeza del animal recién arrancada y chorreando sangre.

> *"¿Qué digo, pues? ¿Que el ídolo es algo, o que sea algo lo que se sacrifica a los ídolos? Antes digo que lo que los gentiles sacrifican, a los demonios lo sacrifican, y no a Dios; y no quiero que vosotros os hagáis partícipes con los demonios. No podéis beber la copa del Señor, y la copa de los demonios; no podéis participar de la mesa del Señor, y de la mesa de los demonios". 1 Corintios 10, 19–20.*

Otros, poseídos por el espíritu que recibe el sacrificio, caen en transe y el demonio toma control del cuerpo del iniciado.

En la mayoría de los casos la persona en transe no habla ni abre los ojos hasta que la madrina le hace una pequeña ceremonia. El poseído comienza a hacer señas con los ojos cerrados para que le den vista; le pasan una vela encendida por frente de la cara del iniciado poseído y este comienza a abrir los ojos. Luego, sin poder todavía tomar control al parece, de las cuerdas vocales del iniciado, pide por señas que le den habla, cosa que recibe al hacer le una ceremonia con una guinea y una navaja de barbero en su boca. Después de esto comienza a hablar en una lengua diabólica y los ojos se le desorbitan.

Cuando esto sucede, lo cual lo produce un espíritu de demonio, puede tomar completo control de la persona, hablar, mirar y que se reconozca como que es el espíritu; él se goza y se siente contento, porque ellos no tienen cuerpo físico y muchos de ellos no han tenido nunca esa oportunidad. Este espíritu de demonio que es puesto, establecido y coronado en las personas cuando se hace el llamado "santo", goza de la vida de esta persona, pondrá su carácter en diferentes áreas de la vida de esta persona tomando parte en las decisiones de la persona, y gobernará a la persona esclavizándola para siempre.

Por regla general, la persona que pasa por esta ceremonia tiene que comer sangre de seis o siete animales de cuatro patas, chivos, chivas, etc. Según las historias santeras en las cuales se basan las consultas y las ceremonias, los ídolos comían personas humanas, pero, producto de que los tiempos han cambiado, Satanás, que es el que hace las historias de la santería y las inspira, determinó que los ídolos no comieran personas, sino que cada ídolo cogiera el animal de su gusto y de esta forma cambió el sacrificio de humanos por el de animales.

Sabemos que los ídolos tienen ojos, más no ven, tienen pie, mas no caminan, tienen boca, mas no hablan con su gargantas, por lo tanto, los que hablaron para escoger los animales fueron los demonios que son los que se los comen.

"Antes digo que lo que los gentiles sacrifican, a los demonios lo sacrifican, y no a Dios; y no quiero que vosotros os hagáis partícipes con los demonios". 1 Corintios 10, 20.

¿Cómo los demonios gobiernan a los santeros?

Es bueno explicar en este capítulo, cómo esos espíritus de demonios manipulan a las personas santeras y cómo las gobiernan en todos los sentidos. Después de la horripilante matanza, donde la sangre lo ensucia todo, ya que la única sangre que limpia es la derramada por nuestro Señor Jesús de Nazaret, dejan un día por medio del cual hablaremos más adelante y ese día se llama precisamente así: El día del medio.

El tercer día es el famoso día de "ita". Este es el día donde se hace una gran consulta o registro para el iniciado. En este registro se le dice a la persona lo que puede y no puede hacer, lo que puede y no puede comer mientras viva. También le dicen del color que puede vestirse y cuáles son los colores de ropa que nunca podrá usar. Si la persona es soltera le dicen el color de la persona con la que se debe casar, y si es casada, en muchas ocasiones le dicen que no será hueso viejo con su compañero.

Todas estas palabras no son consejos, si no, órdenes que dicen los ídolos llamados "santos" por boca de un individuo llamado "italero" que se dedica a hacer estos llamados "ita", que consisten en tirar los caracoles, sentado en el piso encima de una estera cubierta con una sábana blanca. Ese individuo, llamado "italero" u "oriate" interpreta las historias correspondientes al signo que sale al tirar los caracoles y se la acomoda aparentemente al iniciado para que cumpla con su signo. Decimos que se las acomoda aparentemente al iniciado porque eso se creen todos los que están presentes en ese cuarto secreto donde se hace el llamado "ita", pero en realidad, es que el registro o consulta, son las órdenes que le da Satanás al demonio que ha sido colocado dentro de la persona iniciada de cómo debe conducir la vida de esta persona ya que este espíritu de demonio es el que va a gobernar ese hombre que se ha hecho el llamado "santo".

"Jesús les respondió: De cierto, de cierto os digo, que todo aquel que hace pecado, esclavo es del pecado". Juan 8, 34.

Si la persona se revela, o se le olvida y hace algo de lo que se le dijo no podía hacer, entonces los espíritus demoniacos toman represalia contra la persona, enfermándola o creándole problemas, de manera que la persona le tenga que dar un chivo o un gallo o un pollo al llamado "santo" en cuestión. Por eso, en muchas ocasiones, personas que quisieran salir de esa esclavitud no lo hacen por temor a las represalias malignas llamadas castigo del santo. También por eso debo de decirle que no tiene qué temer, amigo, hay uno que puede sacarle de la santería, solo uno tiene poder para hacerlo porque es más poderoso que todos esos espíritus juntos, este es Jesús. Solo tiene que arrepentirse con sinceridad y renunciar a toda la brujería y a las hechicerías y recibir a Jesús como Salvador personal y nada le pasará.

"Y les dijo: Yo veía a Satanás caer del cielo como un rayo. He aquí os doy potestad de hollar serpientes y escorpiones, y sobre toda fuerza del enemigo, y nada os dañará. Pero no os regocijéis de que los espíritus se os sujetan, sino regocijaos de que vuestros nombres están escritos en los cielos". Lucas 10, 18–20.

Yo soy testigo del poder de Dios en la persona de nuestro Señor Jesús. Cuando me hicieron el famoso "ita" yo no podía comer coco de ninguna forma. Tampoco podía comer frijoles colorados, ni blancos, ni calabaza, ni cangrejos de ningún tipo, no podía silbar, no podía ponerme las manos en lacabeza, no me podía parar en las esquinas de la calle, todo esto me lo teníanprohibido terminantemente. En fin, yo era una momia o, mejor dicho, un títere de los demonios hasta que conocí a Jesús que me liberó de las garras de Satanás y sus demonios. ¡Gloria a Dios!

Los ídolos para quien matan los animales.

Le comentaba al principio de este libro que en la religión santera y sus dependencias todavía se adoran los mismos ídolos que adoraban los cananeos, hijos de Cam, antepasados espirituales de la santería de hoy.

Hemos visto cómo la persona iniciada se arrodillaba y se cococaban los ídolos al frente sobre los que se vertían la mayor parte de la sangre de los animales sacrificados al llamado "santo". Los ídolos se colocaban dentro de recipientes llamados o conocidos por soperas, y estos ídolos son fabricados por artesanos brujeros, y son de plomo, metal, cobre, hierro o simplemente, de lata, y también forman un sol, una luna, una serpiente y dos remos. A todas estas cosas se le agrega un puñado de caracoles. Todo esto se encuentra dentro de cada sopera y sobre esto que representa el llamado "santo", son sacrificados los animales en número de siete soperas y siete animales de cuatro patas.

"Guardad, pues, mucho vuestras almas; pues ninguna figura visteis el día que Jehová habló con vosotros de en

medio del fuego; para que no os corrompáis y hagáis para vosotros escultura, imagen de figura alguna, efigie de varón o hembra, figura de animal alguno que está en la tierra, figura de ave alguna alada que vuele por el aire, figura de ningún animal que se arrastre sobre la tierra, figura de pez alguno que haya en el agua debajo de la tierra. No sea que alces tus ojos al cielo, y viendo el sol y la luna y las estrellas, y todo el ejército del cielo, seas impulsado, y te inclines a ellos y les sirvas; porque Jehová tu Dios los ha concedido a todos los pueblos debajo de todos los cielos". Deuteronomio 4, 15–19.

Indiscutiblemente creo que no se puede dudar de que están adorando los mismos ídolos que adoraban los cananeos y que se arrodillaban delante de ellos y besaban el piso en reverencia a ellos.

"No a nosotros, oh Jehová, no a nosotros, sino a tu nombre da gloria, por tu misericordia, por tu verdad. ¿Por qué han de decir las gentes: ¿Dónde está ahora su Dios? Nuestro Dios está en los cielos; todo lo que quiso ha hecho. Los ídolos de ellos son plata y oro, obra de manos de hombres. Tienen boca, mas no hablan; tienen ojos, mas no ven; orejas tienen, mas no oyen; tienen narices, mas no huelen; manos tienen, mas no palpan; Tienen pies, mas no andan; no hablan con su garganta. Semejantes a ellos son los que los hacen, y cualquiera que confía en ellos. Oh Israel, confía en Jehová; él es tu ayuda y tu escudo. Casa de Aarón, confiad en Jehová; él es vuestra ayuda y vuestro escudo. Los que teméis a Jehová, confiad en Jehová; Él es vuestra ayuda y vuestro escudo. Jehová se acordó de nosotros; nos bendecirá; Bendecirá a la casa de Israel; Bendecirá a la casa de Aarón. Bendecirá a los que temen a Jehová, a pequeños y a grandes. Aumentará Jehová bendición sobre vosotros; sobre vosotros y sobre vuestros hijos. Benditos vosotros de Jehová, que hizo los cielos y la tierra. Los cielos son los cielos de Jehová; y ha dado la tierra a los hijos de los hombres. No alabarán los muertos a JAH, ni cuantos descienden al silencio; Pero nosotros bendeciremos a JAH desde ahora y para siempre. Aleluya". Isaías 44, 9–20.

Y también véase el Salmo 115:

"Los formadores de imágenes de talla, todos ellos son vanidad, y lo más precioso de ellos para nada es útil; y ellos mismos son testigos para su confusión, de que los ídolos no ven ni entienden. ¿Quién formó un dios, o quién fundió una imagen que para nada es de provecho? He aquí que todos los suyos serán avergonzados, porque los artífices mismos son hombres. Todos ellos se juntarán, se presentarán, se asombrarán, y serán avergonzados a una. El herrero toma la tenaza, trabaja en las ascuas, le da forma con los martillos, y trabaja en ello con la fuerza de su brazo; luego tiene hambre, y le faltan las fuerzas; no bebe agua, y se desmaya. El carpintero tiende la regla, lo señala con almagre, lo labra con los cepillos, le da figura con el compás, lo hace en forma de varón, a semejanza de hombre hermoso, para tenerlo en casa. Corta cedros, y toma ciprés y encina, que crecen entre los árboles del bosque; planta pino, que se críe con la lluvia. De él se sirve luego el hombre para quemar, y toma de ellos para calentarse; enciende también el horno, y cuece panes; hace además un dios, y lo adora; fabrica un ídolo, y se arrodilla delante de él. Parte del leño quema en el fuego; con parte de él come carne, prepara un asado, y se sacia; después se calienta, y dice: ¡Oh! me he calentado, he visto el fuego; y hace del sobrante un dios, un ídolo suyo; se postra delante de él, lo adora, y le ruega diciendo: Líbrame, porque mi dios eres tú. No saben ni entienden; porque cerrados están sus ojos para no ver, y su corazón para no entender. No discurre para consigo, no tiene sentido ni entendimiento para decir: Parte de esto quemé en el fuego, y sobre sus brasas cocí pan, asé carne, y la comí. ¿Haré del resto de él una abominación? ¿Me postraré delante de un tronco de árbol? De ceniza se alimenta; su corazón engañado le desvía, para que no libre su alma, ni diga: ¿No es pura mentira lo que tengo en mi mano derecha?".

El día del medio.

Este es el día después del día de la "matanza" y antes del día del llamado "ita", ese día del medio es el día de la fiesta que tiene verdaderamente un doble significado y es bueno que las personas entiendan la función de este día.

La fachada: Este día se recopilan todos los animales que se sacrificaron a los ídolos y se prepara una gran comelata, cada carne separada, porque separada hubo de presentársela a los ídolos después de descuartizarla, además de las carnes, cocinan arroz, frijoles, pollos, gallos, gallinas, ensaladas, etc. Vienen de visita los familiares de iniciado como santero y también vienen muchas otras personas que pertenecen a la religión. Este es el único de los siete días que duran los ritos en que pueden ver vestido al inciado (iyabo) con el traje que le ponen muy semejante a un rey africano con su cara pintada como se pintan los africanos en las películas; su cabeza también pintada como un arcoiris en redondo, y raspada con una navaja, y una corona de cartón formada en tela del color del traje, adornada con plumas de aves y caracoles. Ese día tocan tambores, cantan, bailan, y comen todos en grandes mesas, y se les sirve primero a los niños. Todo esto pasa desde el punto de vista material en la celebración del llamado santo.

Mientras ellos celebran la fiesta, cantidades de espíritus de diferentes tipos se comienzan a aglomerar en la casa y en los contornos de la fiesta antes de comenzar, esperando que llegue la hora del baile, de la comida y la bebida para ellos también participar. Todos los que participen en la fiesta y en la comida o en cualquier cosa de la que le hagan en ese lugar reciben espíritus de demonios por su participación en la mesa de los demonios.

> *"¿Qué digo, pues? ¿Que el ídolo es algo, o que sea algo lo que se sacrifica a los ídolos? Antes digo que lo que los gentiles sacrifican, a los demonios lo sacrifican, y no a Dios; y no quiero que vosotros os hagáis partícipes con los demonios. No podéis beber la copa del Señor, y la copa de los demonios; no podéis participar de la mesa del Señor, y de la mesa de los demonios. ¿O provocaremos a celos al Señor? ¿Somos más fuertes que él?".1 Corintios 10, 19–22.*

Véase también:

"Porque ha parecido bien al Espíritu Santo, y a nosotros, no imponeros ninguna carga más que estas cosas necesarias: que os abstengáis de lo sacrificado a ídolos, de sangre, de ahogado y de fornicación; de las cuales cosas si os guardareis, bien haréis. Pasadlo bien". Hechos 15, 28–29.

Muchas personas confrontan problemas por visitar esos lugares, aunque no sean santeros, porque han recibido espíritus de demonios que buscan llevar luego las personas a las consultas poniéndolos en dificultades. Muchas personas que tienen hoy hecho el llamado "santo", dicen: "Yo tengo que creer en el santo porque me lo hice por enfermedad, porque cuando yo estaba enfermo, el médico no me pudo curar; creía que iba morir y el santo me salvó", y por eso, como es natural, la persona queda atada a una creencia que lo puede conducir al infierno.

Es necesario que usted entienda que la enfermedad que lo llevó a usted a la brujería se trataba de un espíritu satánico que se llama enfermedad el cual había robado su salud, y como la enfermedad es espiritual, el médico no podía hacer nada por usted. El plan diabólico está claro. Primero te introduce un espíritu de enfermedad que roba tu salud o te pone síntomas que el médico no puede encontrar solución, lo que hace que vayas a la consulta del santero y te comprometas con Satanás haciéndote el llamado "santo", y luego parece que el santo te curó. No te das cuenta de que el santero y el espíritu que te enfermaba trabajan para los mismos intereses diabólicos, que es poner sus espíritus en circulación y llevar las personas inocentes al infierno, si la muerte los sorprende sin un verdadero arrepentimiento de todos sus pecados.

"Y había allí una mujer que desde hacía dieciocho años tenía espíritu de enfermedad, y andaba encorvada, y en ninguna manera se podía enderezar. Cuando Jesús la vio, la llamó y le dijo: Mujer, eres libre de tu enfermedad. Y puso las manos sobre ella; y ella se enderezó luego, y glorificaba a Dios. Pero el principal de la sinagoga, enojado de que Jesús hubiese sanado en el día de reposo, dijo a la gente: Seis días hay en que se debe trabajar; en éstos, pues, venid y sed sanados, y no en día de reposo. Entonces el Señor le respondió y dijo: Hipócrita, cada uno de vosotros ¿no desata

en el día de reposo su buey o su asno del pesebre y lo lleva a beber? Y a esta hija de Abraham, que Satanás había atado dieciocho años, ¿no se le debía desatar de esta ligadura en el día de reposo? Al decir él estas cosas, se avergonzaban todos sus adversarios; pero todo el pueblo se regocijaba por todas las cosas gloriosas hechas por él". Lucas 13, 11–17.

No podía darse cuenta de esto como tampoco podía darse cuenta el santero por la incredulidad y el desconocimiento de las leyes espirituales vigentes, ignoradas por los hombres al estar separados de Dios por la dureza de sus corazones y los intereses creados. Empezando por mí, que andaba sin fe y sin esperanza, creyendo que hacía bien y que ayudaba a la humanidad, profesando esa religión, y lo que estaba haciendo era un gran daño.

Satanás es un engañador profesional y vino a este mundo a engañar.

"Y fue lanzado fuera el gran dragón, la serpiente antigua, que se llama diablo y Satanás, el cual engaña al mundo entero; fue arrojado a la tierra, y sus ángeles fueron arrojados con él". Apocalipsis 12, 9.

Muchas personas les gusta hablar de una invasión de otros planetas y hacen películas de ciencia ficción, pero esos espíritus son reales y están en la tierra. El único que puede vencerlos es Jesús, único nombre dado a los hombres para que sean salvos por él. Jesús vino a salvarnos de ellos precisamente.

Los siete días del llamado "santo".

Ya han pasado siete días y la persona iniciada se encuentra dentro de ese cuarto, sentado en un rincón del cuarto en el piso, donde ha dormido y comido durante los últimos seis días, sobre una estera; el rincón ha sido arreglado como una especie de trono con telas y paños de colores que caen a ambos lados en forma de cortinas. Esa mañana, al igual que los días anteriores, tiene que comerse algo llamado bocadillo, que es formado entre otras cosas, por un pedazo de coco con un adorno arriba de jutia ahumada, pescado ahumado, pimienta de guinea y algo que le llaman ache. Esto tiene que comerlo, y después, tomarse un vaso de un líquido obligatorio, que se llama homiero, hecho de hierbas trituradas con las manos de las invitadas al llamado santo; comidilla que representa un trago repugnante.

La primera salida del cuarto del nuevo santero es a la plaza y a la iglesia católica. Esto lo hacen por tradición, puesto que son religiones diferentes, aunque la idolatría reina en las dos, según las Sagradas Escrituras en el Salmo 115 y en Éxodo 20, 1–6. También, en Apocalipsis 22, 15–16.

Luego, son llevados los ídolos a la casa del nuevo santero, pero los espíritus que son representados por los ídolos se mantendrán en la puerta según creen los santeros hasta que la persona iniciada realice otra matanza de animales para darle la entrada en la casa a esos espíritus. Toda la familia del nuevo santero comienza a participar de la religión puesto que ellos dirigen sus vidas. Mientras más personas frecuenten esos lugares de consultas, más espíritus de demonios se aglomeran sobre la ciudad o país en cuestión, y por eso gran cantidad de jerarcas espirituales entran en función y bandas de espíritus de drogas, alcohol, robo, violencia, sexo ilícito, fornicación, enfermedad y muerte se abalanzan sobre la población inocente.

¿Por qué la santería hace tantas ceremonias diferentes?

Quizás usted, amigo lector, se haga la pregunta de, ¿por qué si una persona al hacerse el llamado "santo" recibe el espíritu que lo convierte a Satanás, tiene que hacer tantas ceremonias diferentes si con una ya está suficientemente comprometido? Aunque en los últimos tiempos se está hablando bastante de Dios y de las leyes espirituales que Él nos ha dejado escritas, muchas personas las ignoran, otras que quizás han oído algunas, no las creen ni piensan que estas leyes espirituales están vigentes, que son reales, y, sobre todo, que determinan sobre la vida del hombre, la salud, y la forma de vida del hombre, paz, gozo, etc. Los espíritus de demonios comandados por Satanás, conocen estas leyes, creen en ellas y tienen que respetarlas. De esta forma, ellos sacan provecho de los ignorantes, de los incrédulos y de los violadores de estas leyes espirituales. De manera, que según el hombre vive al margen de estas leyes, ellos pueden penetrar en sus cuerpos y manifestar sus características acorde al área de la violación hecha por este hombre individualmente.

Ejemplo de esto es el odio, el rencor, la avaricia, los celos, la idolatría, cada actuación que no esté acorde con las leyes espirituales establecidas y vigente por Dios, representa una acción espiritual. Este es el caso de diferentes enfermedades que se originan precisamente por una grave violación de la ley como lo es el SIDA en su origen. Acciones de la cual se liberan acciones espirituales que producen la muerte como lo dice la siguiente escritura:

"Además, no tendrás acto carnal con la mujer de tu prójimo, contaminándote con ella. Y no des hijo tuyo para ofrecerlo por fuego a Moloc; no contamines así el nombre de tu Dios. Yo Jehová. No te echarás con varón como con mujer; es abominación. Ni con ningún animal tendrás ayuntamiento amancillándote con él, ni mujer alguna se pondrá delante de animal para ayuntarse con él; es perversión. En ninguna de estas cosas os amancillaréis; pues en todas estas cosas se han corrompido las naciones que yo echo de delante de vosotros, y la tierra fue contaminada; y yo visité su maldad sobre ella, y la tierra vomitó sus moradores. Guardad, pues, vosotros mis estatutos y mis ordenanzas, y no hagáis ninguna de estas abominaciones, ni el natural ni el extranjero que mora entre vosotros (porque todas estas abominaciones hicieron los hombres de aquella tierra que fueron antes de vosotros, y la tierra fue contaminada); no sea que la tierra os vomite por haberla contaminado, como vomitó a la nación que la habitó antes de vosotros. Porque cualquiera que hiciere alguna de todas estas abominaciones, las personas que las hicieren serán cortadas de entre su pueblo. Guardad, pues, mi ordenanza, no haciendo las costumbres abominables que practicaron antes de vosotros, y no os contaminéis en ellas. Yo Jehová vuestro Dios". Levítico 18, 20–30.

Esos espíritus de demonios representan una cantidad de acusaciones contra el hombre ante el justo juicio de Dios, con el fin en primer lugar de mantenerse dentro del cuerpo de este y conducirlo a la muerte física, y a la segunda muerte si les es posible, que es la muerte espiritual, según leemos:

"Y vi a los muertos, grandes y pequeños, de pie ante Dios; y los libros fueron abiertos, y otro libro fue abierto, el cual es el libro de la vida; y fueron juzgados los muertos por las cosas que estaban escritas en los libros, según sus obras. Y el mar entregó los muertos que había en él; y la muerte y el Hades entregaron los muertos que había en ellos; y fueron juzgados cada uno según sus obras. Y la muerte y el Hades fueron lanzados al lago de fuego. Esta es la muerte segunda. Y el que no se halló inscrito en el libro de la vida fue lanzado al lago de fuego". Apocalipsis 20, 12–15.

En segundo lugar, esos espíritus quieren gozar la vida de ese hombre ya que ellos no tienen cuerpo físico y necesitan un cuerpo para ellos sentirse bien y vivir, tener sexo, beber, robar, odiar, ser malos, matar, engendrar violencia, y todo lo que estamos viendo manifestarse en estos tiempos; sumadas todas estas características no queda duda de que una gran parte de la humanidad está actuando bajo el control del príncipe de este mundo.

"Y él os dio vida a vosotros, cuando estabais muertos en vuestros delitos y pecados, en los cuales anduvisteis en otro tiempo, siguiendo la corriente de este mundo, conforme al príncipe de la potestad del aire, el espíritu que ahora opera en los hijos de desobediencia, entre los cuales también todos nosotros vivimos en otro tiempo en los deseos de nuestra carne, haciendo la voluntad de la carne y de los pensamientos, y éramos por naturaleza hijos de ira, lo mismo que los demás. Pero Dios, que es rico en misericordia, por su gran amor con que nos amó, aun estando nosotros muertos en pecados, nos dio vida juntamente con Cristo (por gracia sois salvos)". Efesios 2, 1–5.

Dios quiere que los hombres inteligentes de este mundo se den cuenta y se vuelvan a Él de todo su corazón para que se salven. Por eso, la santería hace muchas ceremonias porque en cada paso de cada ceremonia se viola laley de Dios.

1) Comer sangre	Levítico 17, 10–16
2) Rasparse la cabeza por un muerto	Deuteronomio 14, 1
3) Hacer imágenes	Éxodo 20, 4

4) Arrodillarse ante imágenes	Éxodo 20, 5
5) Poner piedra a ídolos	Levítico 26, 1
6) Entregarse a la adivinación	Deuteronomio 18, 9–14
7) Cortarse con navaja por un muerto	Levítico 19, 28
8) Sacrificio de sangre a ídolos	Levítico 17, 7; 1 Corintios 10, 20

Como es fácil observar, en la lista anterior se reflejan algunas de las violaciones que son hechas en las diferentes ceremonias del llamado "santo"; la mayor parte de ellas son condenadas a muerte por Dios en las Sagradas Escrituras. Esto hace posible que Satanás pueda poner mayor cantidad de espíritus en esa persona y de mayor jerarquía por estar más comprometida. De este modo el santero pasa a ser una fuente de ingreso de nuevas almas hacia las filas satánicas formando una interminable cadena.

Los sacrificios de animales.

Algunas personas tratan de encontrar justificación a la matanza de animales diciendo que la Biblia habla de sacrificio. En primer lugar, Dios estableció un lugar santo para los sacrificios que se hacían en expiación de los pecados que los hombres cometían en aquellos tiempos. Este lugar se llamó El Santuario Único y fuera de ese lugar nadie podía hacer sacrificios y menos si no era un sacerdote establecido por Dios.

> "Y nunca más sacrificarán sus sacrificios a los demonios, tras de los cuales han fornicado; tendrán esto por estatuto perpetuo por sus edades. Les dirás también: Cualquier varón de la casa de Israel, o de los extranjeros que moran entre vosotros, que ofreciere holocausto o sacrificio, y no lo trajere a la puerta del tabernáculo de reunión para hacerlo a Jehová, el tal varón será igualmente cortado de su pueblo". Levítico 17, 7–9.

Lamento verdaderamente que las autoridades de Estados Unidos hayan determinado dar permiso a la santería para hacer los sacrificios de animales, ya que estos constituyen alimento espiritual que materializa cantidades de demonios los cuales están llenando los cuerpos de muchas personas.

Ciertamente, todo sacerdote está, día tras día, ministrando y ofreciendo muchas veces los mismos sacrificios que nunca pueden quitar los pecados.

Pero Cristo, habiendo ofrecido una vez y para siempre un solo sacrificio por los pecados, se ha sentado a la diestra de Dios, de ahí en adelante esperando hasta que sus enemigos sean puestos por estrado de su pies. Porque con una sola ofrenda hizo perfectos para siempre a los santificados.

"Y ciertamente todo sacerdote está día tras día ministrando y ofreciendo muchas veces los mismos sacrificios, que nunca pueden quitar los pecados; pero Cristo, habiendo ofrecido una vez para siempre un solo sacrificio por los pecados, se ha sentado a la diestra de Dios, de ahí en adelante esperando hasta que sus enemigos sean puestos por estrado de sus pies; porque con una sola ofrenda hizo perfectos para siempre a los santificados". Hebreos 10, 11–14.

La lucha que se sostiene en estos tiempos contra la violencia, el asesinato, el robo y el vicio es verdaderamente titánica, pero sin embargo, por otro lado, se alimenta a los principales creadores de tales actuaciones; puesto que antes que actuaciones, vienen las ideas, y estas salen de los corazones llenos de malignidad, y vacíos de Dios, que son utilizados y manipulados como títeres por esas fuerzas espirituales.

Las cárceles están llenas de personas en todas partes del mundo, pero muchas de ellas han cometido delitos que no saben por qué lo han cometido, que si se le preguntara con sinceridad contestarían: "No sé por qué lo hice", "Algo me impulsó a hacerlo". Madres están matando sus hijos sin saber por qué, luego cuando miramos sus caras en los juicios, en los periódicos, en la televisión, podemos darnos cuenta de la triste realidad, su mirada fija en la nada, estupefactas, completamente confundidas, sin saber cómo fue realmente, sin poder defenderse porque saben que lo hicieron, pero no pueden explicar el porqué. Mientras una gran masa de demonios acaba lentamente con la raza humana.

"Cuando el espíritu inmundo sale del hombre, anda por lugares secos, buscando reposo, y no lo halla. Entonces dice: Volveré a mi casa de donde salí; y cuando llega, la halla

desocupada, barrida y adornada. Entonces va, y toma consigo otros siete espíritus peores que él, y entrados, moran allí; y el postrer estado de aquel hombre viene a ser peor que el primero. Así también acontecerá a esta mala generación".
Mateo 12, 43–45.

Recuerdo hace años atrás, me llamaron del programa de televisión *"Ocurrió Así"*, y se me informó que querían hacer un programa que reflejara, con la mayor claridad posible, la situación de que muchas personas estaban siendo impulsadas por algo sobrenatural a realizar cosas que ellos no querían hacer y que en muchos de los casos, las personas no tenían fuerzas para oponerse y eran arrastradas a cometer actos de agresiones a esposas, familiares y otras personas, incluyendo a ellos mismos en ocasiones. Me dijeron que me invitaban porque tenía antecedentes de que yo fui motivado o impulsado por esos espíritus, oyendo voces que me decían que agrediera a mi esposa con un cuchillo que tenía, el mismo que usaba para degollar los animales en la santería, religión a la que pertenecí toda mi vida anterior. Acepté porque conocía cómo funcionan esos espíritus y pensé que era una buena oportunidad de avisar o ayudar a que todos sepan la verdad. También debo decir que me puse muy contento porque alguien se estaba dando cuenta de lo que estaba pasando y que la santería y los sacrificios están relacionados en ciertas áreas a esas influencias espirituales que tanto daño están haciendo a la humanidad.

Las elecciones espirituales.

Por mucho tiempo, y con el más absoluto secreto, tienen lugar las elecciones espirituales; solo el mundo de la santería sabe y cree en sus gobernantes, pero ni los más grandes santeros conocen los secretos de cómotiene lugar las elecciones.

El día primero de año se reúnen los babalaos con el único propósito de hacer una elección espiritual para sacar el espíritu que gobernará por todo ese año sobre la comarca, pueblo, ciudad, o país. Este espíritu tiene un nombre y es representado por un ídolo. Para que estas personas puedan sentarse en estas elecciones el día primero de año es necesario que desde los primeros días del mes de diciembre se reúnan todos esos santeros para preguntarle a los muertos, y preguntarle a las distintas posiciones, como lo son el mar, el río, la loma, el monte, la plaza, etc., lo que quieren comer. Para esto se usa un ídolo que solo los babalaos lo tienen, este se llama orumila y también es conocido por orunla. Este demonio es el rey de la adivinación, según se cree dentro de la santería, y está representado por un ídolo que consiste en unas semillas de palmeras. Estas semillas son conocidas como ikines. De esos ikines son usados cuarenta y ellos son divididos en dos grupos llamados "manos". Esas dos manos son las manos de orunla; cada babalao tiene dos de estas manos o grupos de ikines, un grupo tiene diecinueve ikines y el otro grupo mayor tiene veintiuno. El grupo menor solo se usa cuando el babalao se muere. Y el grupo mayor es el que se usa para preguntar qué quieren comer los muertos. El tal orunla es considerado también el muerto mayor y según las historias es oriundo de Egipto.

Una vez conocida la respuesta de lo que quieren comer las posiciones y los muertos, se procede a hacer los correspondientes sacrificios de sangre en cada lugar correspondiente. De esta manera la ciudad se va ensangrentando y llenando de demonios poderosos, porque según se van matando los animales, en el mar, en el monte, en cada uno de esos lugares hay espíritus de demonios que comen esa sangre y se le acredita ese lugar como su dominio sobre la ciudad, pueblo, o país. ¿Posiciones dominadas por demonios? ¿Qué trae por consecuencia todas estas matanzas y sacrificios alrededor y sobre la ciudad? Traen por consecuencia que jerarcas espirituales dominen desde el punto de vista espiritual a los que viven en ella.

> *"Porque no tenemos lucha contra sangre y carne, sino contra principados, contra potestades, contra los gobernadores de las tinieblas de este siglo, contra huestes espirituales de maldad en las regiones celestes". Efesios 6, 12.*

Quizás usted diga: "A mí nadie me domina", sin embargo, cada día hay más permisos para poner más bares, más clubes nocturnos; cada día se hace más difícil poner una carpa para predicar el evangelio de salvación, pero hay más programas de síquicos en la televisión, cada día se habla menos de Dios en las escuelas, pero se celebra más el día de Halloween en estas. A usted no lo domina nadie, pero cada día tiene más miedo caminar por las calles y no se baja del carro en ciertos lugares de la ciudad, cada día hay más divorcios, más violencia doméstica y más SIDA. ¿Y dónde creen que van las personas afectadas por todos estos problemas que golpean la población tratando afanosamente de resolverlos? La mayoría de ellos van a la brujería, a los síquicos, a los espiritistas, a las cartománticas, a los santeros, paleros, astrólogos y a los diferentes tipos de alianzas. ¿Por qué? Porque la ciudad se ha entregado a la adivinación y la idolatría.

El día primero de año se sientan un gran grupo de sacerdotes santeros mayores y comienzan a sacar una letra o signo el cual dirá cuál es el nombre del demonio que gobernará ese año sobre la población.

> *"Porque el rey de Babilonia se ha detenido en una encrucijada, al principio de los dos caminos, para usar de adivinación; ha sacudido las saetas, consultó a sus ídolos, miró el hígado. La adivinación señaló a su mano derecha, sobre Jerusalén, para dar la orden de ataque, para dar comienzo a la matanza, para levantar la voz en grito de guerra, para poner arietes contra las puertas, para levantar vallados, y edificar torres de sitio". Ezequiel 21, 21–22.*

Lo que diga la letra ese día para la población, lo está diciendo para todos los que vivan en el lugar y no tengan a Dios, porque los que tienen a Dios no están bajo el dominio de esos espíritus de demonio, precisamente, para eso tienen a Jesús. Cuando una persona tiene a Jesús le es puesto por Dios un nuevo Espíritu que es superior a los demonios y ellos saben que los tienen que respetar.

> *"Había un hombre de los fariseos que se llamaba Nicodemo, un principal entre los judíos. Este vino a Jesús de noche, y le dijo: Rabí, sabemos que has venido de Dios como maestro; porque nadie puede hacer estas señales que tú haces, si no está Dios con él. Respondió Jesús y le dijo: De cierto, de cierto te digo, que el que no naciere de nuevo, no puede ver el reino de Dios. Nicodemo le dijo: ¿Cómo puede un hombre nacer siendo viejo? ¿Puede acaso entrar por segunda vez en el vientre de su madre, y nacer? Respondió Jesús: De cierto, de cierto te digo, que el que no naciere de agua y del Espíritu, no puede entrar en el reino de Dios". Juan 3, 1–5.*

Y en Hebreos 10, 11–14 leemos:

> *"Y ciertamente todo sacerdote está día tras día ministrando y ofreciendo muchas veces los mismos sacrificios, que nunca*

pueden quitar los pecados; pero Cristo, habiendo ofrecido una vez para siempre un solo sacrificio por los pecados, se ha sentado a la diestra de Dios, de ahí en adelante esperando hasta que sus enemigos sean puestos por estrado de sus pies; porque con una sola ofrenda hizo perfectos para siempre a los santificados".

Terminada la ceremonia en donde se sacó el gobernante del año, cada hombre sacerdote regresa a su respectivo lugar y lleva consigo una libreta con las instrucciones de lo que el nuevo gobernante quiere que se haga por todo el país. Ejemplo de esto es darle un pollo a las esquinas, (sacrificar un pollo mediano en la misma esquina de la calle). Este sacrificio se le da a un ídolo llamado "echu" que se cree dentro de la religión santera, que vive en la calle, precisamente en la esquina. Este ídolo se considera bien problemático y sanguinario, crea problemas a las personas en la calle, y le gusta echar a pelear a los amigos.

Tenemos que entender que es un espíritu de demonio que cuando los brujos trabajan con él las características de este es de un sucio, apestoso, como lo es un vagabundo. Cuando le dan de comer es para que esté contento y no forme problema así creen los santeros y los babalaos. Muchas personas le ponen fuera de la casa la comida que cocinan. Entonces donde quiera que se encuentre un creyente en el país, le da un pollo a la esquina de la calle, por eso muchas veces ustedes ven pollos y gallos muertos en las esquinas. Es porque los llamados "santos" lo mandan y ellos obedecen.

Ceremonia secreta del cuchillo llamado kwanardo.

Es necesario que las personas comprendan que este libro lo hago con el único propósito de que muchas personas inocentes puedan comprender que la religión santera es completa y enteramente satánica, y que hace más daño que el satanismo por el engaño, ya que atrae a muchas personas que nunca jamás irían a las consultas si supieran la verdad. Muchos de sus integrantes no conocen nada de esto que voy a tratar de explicar, solamente lo conocen los babalaos que han pasado por esta ceremonia espeluznante y macabra.

Esta ceremonia significa el mismísimo pacto con la muerte y Satanás. Después de tener algún tiempo como babalao o tan pronto como pueda económicamente, el babalao está obligado a realizar otra ceremonia la cual lo autoriza a hacer brujería mayor. Esto es lo que dicen, pero la realidad es que es un pacto mayor que el que tenía antes, y en él recibe sobre su cuerpo un espíritu de mayor jerarquía, desde el punto de vista satánico. Cuando digo que el babalao recibe espíritu mayor; también la zona donde él vive recibe espíritu mayor, y con él vienen otros espíritus. Para esta ceremonia se necesita un patio que esté cercado o tenga privacidad de manera que nadie pueda ver lo que se hace, ya que esta ceremonia es algo muy secreto, por eso la escribo para que ya no sea secreta. En una parte de este patio se abre un hueco del tamaño de una sepultura, con una profundidad de un metro o metro y medio. En ese hueco se echa bastante carbón y este se enciende.

Mientras se prepara aquella tumba encendida como un horno, la persona que va a hacer reiniciada, en este caso un hombre que ya es babalao, lo tienen en un cuarto sentado en una silla de frente a la pared, con los pantalones doblados hasta las rodillas, sin camisa y sin zapatos, de espalda a un público de treinta a cuarenta hombres que son los que participarán en la cruel ceremonia. Cuando los preparativos son terminados, el reiniciado es llevado hacia el patio donde está abierto el hueco en forma de tumba. Allí es arrodillado al borde de esa tumba con las dos manos en la tierra en el mismo borde, de manera que el dorso del cuerpo de la persona arrodillada queda a merced de las llamas o lo caliente de la brasa de candela encendidas, ahora en aquel hueco. También, recibiendo el humo que sale de aquel lugar infernal que casi no deja respirar. Esos treinta o cuarenta hombres comienzan a formar un círculo alrededor de aquel hueco y a su vez, alrededor de la persona arrodillada en la tumba que se ha preparado. Los hombres babalaos comienzan a cantar alrededor del juramentado y cada uno de aquellos cuarenta hombres esgrimen dos velas en sus manos que serían ochenta velas y sin parar de cantar encienden todas las velas y comienzan a echarle toda esa esperma caliente en las espaldas del iniciado, mientras este se retuerce de dolor. El canto no se detiene, a nadie le importa cómo lo está pasando el iniciado. El calor se hace casi irresistible en el estómago y en el pecho que, conjuntamente con el humo asfixiante, hace que la maldita ceremonia se haga cada vez más difícil.

Mientras esto está pasando, una representación maligna se deja sentir, la atmósfera se siente como si se paralizara y se quedara sin aire, y un frío caliente se deja sentir. Aquellos hombres cantando, sin compasión, comienzan a dejar caer en la espalda desnuda del iniciado toda la esperma caliente de aquellas ochenta velas encendidas. Entre tanto, uno de los presentes eleva la voz por encima de los demás y comienza a llamar dieciséis demonios, cada uno por su nombre que son los dieciséis mayores y jefes de los doscientos cuarenta restantes demonios que dominan el oráculo de ifa. Sin dejar de cantar ni de quemar las espaldas del iniciado con las velas, la columna de humo ya surca el espacio en el aire, el olor a carne quemada se hace presente pues también en aquel hueco han sido echados pedazos de carnes y animales, que junto con el iniciado para ser santero mayor (babalao) son víctimas de holocausto a Satanás. De pronto, cuando casi no puede soportar, se le echa por encima un cubo de agua con yerbas trituradas llamado humiero, de manera que el agua verde caiga de las espaldas al hueco tipo tumba, todavía encendido, el cual se apagó parcialmente al tener contacto con el agua de donde salió una gran bocanada de humo como prueba del sacrificio a Satanás. (Esto me lo hicieron a mí).

Cuando me levanté del borde de aquel hueco, mis espaldas echaban candela, también mi estómago me ardía por fuera, producto del vapor de la candela, al igual que mi pecho. Yo decía en mis adentros: «Esto, ¿qué cosa es?». Amigos, yo no sabía que acaba de hacer un pacto de sellaje con la muerte y con el diablo. Al otro día, cuando mi esposa vio mis espaldas, lloró desconsoladamente. No pude dormir por varios días, solamente de lado, debido a las ampollas de mis espaldas y al ardor de mi estómago y mi pecho.

Muchas más cosas entran en esta ceremonia, pero el objetivo no es enseñar a hacerlas, sino que las personas sepan que existen cosas terribles en la santería que no han salido a la luz y que son necesarias que salgan para que muchas vidas que van a estos lugares buscando alivio a su situación, sepan que el Dios verdadero no está en la santería. Creo que las personas que nunca han visitado las consultas de adivinación y de brujo, y que por vivir en una ciudad donde abunda el ocultismo, son presas fáciles de los demonios, también deben de saber que la santería, horóscopos, síquicos, paleros, cartománticas, y babalaos, trabajan inocentemente para el diablo y no conocen sus manejos de apoderarse de las almas de las personas que buscan ayudas y caen en las religiones, cualquiera que sea el motivo que los lleva a ellas.

CAPÍTULO 2

TRANSFERENCIAS DE ESPÍRITUS

En este capítulo analizaremos las diferentes clases que existen de transferencias de espíritus.

Una persona puede recibir una transferencia de espíritu por:

1) Asociación o Alianza	(Deuteronomio 7, 2–5)
2) Participación	(2 de Juan 10, 11)
3) Comunión	(Números 25, 1–2)
4) Aceptación	(Mateo 24, 23–25)

Las personas que practican las diferentes religiones son utilizadas por espíritus "X" satánicos. Ejemplo de esto: adivinación, espiritismo, brujería, y astrología, entre otros. Todos estos espíritus y muchos más, pertenecen y trabajan para el diablo y su obra maligna. Cuando una persona se va a consultar o a registrarse en esos lugares, se está asociando al brujo o al espiritista y aunque no haga nada de lo que le manden o aunque no crea en las cosas que le dijeron, ha tenido comunión con los espíritus malignos, y esto hace que esta persona reciba un espíritu o varios espíritus los cuales se han de encargar que lo que le dijo el brujero o la santera o el que lee el horóscopo se le produzca de manera que la persona tenga que regresar a seguirse comprometiendo con ellos. Esto también sucede cuando alguien se casa con una brujera o un santero, se hace una carne con ella o con él, y también recibe una transferencia espiritual.

La ciudad, pueblo o país que permite, se asocia o participa de estas religiones, está también participando de sus pecados y de sus espíritus. Se hace necesario que les diga que una persona que acude a un psíquico o un santero en busca de amor, en el caso de que resuelva, recibirá un espíritu en su cuerpo el cual tomará parte activa en sus relaciones amorosas en todos los sentidos y será este espíritu el que se divierta con el cuerpo de esta persona y después, cuando más feliz crea ser, se quedará sin amor, no importa el tiempo que pase y aunque tenga hijos. Esta es la función de Satanás, crear matrimonios basados en raíces ocultistas, aunque parezcan frondosos y hermosos, no se encuentran basados en los principios que Dios ha establecido, que son el amor y la verdad.

Tristemente al paso del tiempo, cuando ya las personas no se acuerdan, esos espíritus desarrollan su plan macabro de separar las personas que ellos unieron. Sé de muchas familias que en sus comienzos ella o él acudieron a la brujería, a la cartomántica o al espiritista para que lo uniera al ser querido, y todavía permanecen juntos, pero sufriendo maltratos, infidelidades y en la mayoría de los casos, la vida conyugal sexual se ha terminado hace mucho tiempo. Estas cosas son bastante tristes de escribir, pero entre otras muchas, son necesarias porque al conocerse pueden obtenerse las soluciones a estos daños malignos causados por Satanás, utilizando sus espíritus los cuales coloca en los cuerpos de las personas a través de la transferencia espiritual.

Una vez que uno o varios espíritus de demonios entran en un cuerpo específicamente, los adquiridos en la brujería, cualquiera que sea su rama: espiritista, santería, palería, síquico, etc., la función de este es primordialmente desarrollar su carácter y permitir que otros espíritus entren en el cuerpo acorde a los planes de destrucción que traigan sobre la persona en cuestión y los que le rodean, sean familiares, amigos u otros.

Estos espíritus nadie los puede sacar de dentro del cuerpo de esa persona, porque ellos están legalmente establecidos en él por las leyes espirituales vigentes, ya que la persona al ir a asociarse con las ciencias ocultas, permiten el ingreso voluntariamente de esos espíritus en el cuerpo, aunque no lo sepan, y esto hace que esos espíritus tengan derecho a estar y manifestarse en esa persona.

Solución:

Primero: Arrepentirse con sinceridad de todo pecado y decirlo con su boca.

Segundo: Decir esta oración: "Renuncio a toda hechicería y brujería que yo he hecho en mi vida".

Tercero: Declarar: "Yo recibo a Jesús como Salvador personal en mi corazón".

¿Qué ha ocurrido con usted, dentro de usted y alrededor de usted mientras decía estas palabras y las creía y quería verdaderamente ser libre de esos espíritus porque conoció la verdad? Al confesar con su boca, y sentir verdaderamente deseos de ser libre arrepintiéndose, usted le quita el derecho legal a esos espíritus de estar en su cuerpo, ya que Dios dice en su Palabra que: "Si os arrepintiereis y confesares tus pecados, él te perdonará y te limpiará de todo pecado". En ese mismo instante, Jesús, el cual murió por ti, da órdenes a los espíritus malignos que salgan de tu cuerpo. Tu voz ha sido oída en todo el mundo espiritual diciendo: "Renuncio a toda obra espiritual maligna", y eso autoriza a Dios a defenderte contra ellos, porque de no decirlo, ellos podrían decir en el mundo espiritual que tú le perteneces porque tú no has dicho nada.

Cuando dices que recibes a Jesús como Salvador personal, acontecen varias cosas en el mundo espiritual. Dios coloca dentro de tu corazón exactamente al Espíritu Santo y tu nombre es escrito en el libro de la vida eterna con Dios. Ahora, al asociarte con Jesús, recibes su espíritu y participas de su espíritu, paz, gozo y de su amor, así como los que te rodean en el mundo.

De esta manera, limpiaremos nuestras calles, limpiaremos nuestras casas, nuestras escuelas y nuestro pueblo de toda inmundicia satánica que esclaviza y mata a las familias. Luchemos unidos por nuestros hijos, por nuestras casas, por nuestras mujeres, porque solo hay un enemigo: Satanás y sus demonios.

"Porque no tenemos lucha contra sangre y carne, sino contra principados, contra potestades, contra los gobernadores de las tinieblas de este siglo, contra huestes espirituales de maldad en las regiones celestes". Efesios 6.12

CAPÍTULO 3

EL PALO MAYOMBE Y SUS RAMIFICACIONES

Palería, es una de las expresiones del ocultismo en su fase más inmunda y más agresiva. Religión que funciona principalmente con huesos de muertos, todo tipo de tierra, comenzando desde el cementerio. Palos del monte, serpientes y todo tipo de animal impuro. Esta religión del palo es agresiva porque comienza haciéndole daño físicamente a sus iniciados de una manera que le deja su marca para siempre en el cuerpo. Dolorosamente hablando, el secreto principal radica precisamente en la violación de la ley de Dios, que es santidad y justicia.

> *"Y no haréis rasguños en vuestro cuerpo por un muerto, ni imprimiréis en vosotros señal alguna. Yo Jehová". Levítico 19, 28.*

Esta ceremonia solo puede llevarse a cabo por la ignorancia que existe en las personas que van a ser iniciadas y el acoso espiritual a que son sometidas estas para ser captadas por esas religiones. Ellas son llevadas con los ojos vendados para que no puedan ver en su primera entrada dentro del cuarto secreto. En este cuarto se mantiene uno de sus miembros detrás de la puerta, de manera que todo el que se disponga a entrar en el famoso cuarto, tiene que identificarse, hablando en lengua conga diabólica, diciendo su nombre religioso, el cual le es impuesto como parte de la ceremonia en la que fue iniciado. Tiene que decir el lugar a que pertenece. Si la persona se identifica satisfactoriamente, la persona que está adentro responderá, dejándola entrar. Esta persona que va a ser iniciada entre otras cosas, es cortada con una navaja en diferentes partes de su cuerpo con el fin de extraerle sangre, la cual es echada sobre el ídolo que representa al demonio espiritual que gobierna al palero. Este espíritu de demonio no se encuentra en el ídolo, si no dentro del palero y cuando quiere, toma control del palero y este cae en trance.

Pacto sangriento.

La persona, cuando entrega su sangre en esa ceremonia, jura al diablo, aunque delante del ídolo se encuentre un crucifijo. El pacto queda sellado con un trago indescriptible y horrible de una bebida llamada "chamba", la cual se encuentra añejada y contiene tanto picante, pólvora, aguardiente, que cuando la botella o el garrafón se abre, todo el que está en el cuarto tiene que destornudar. Al tomar este trago terrible se le hace un nudo en la garganta, y se quema toda la boca y el interior del estómago. Hace llorar, quita la respiración, pone los ojos desorbitados y hace a la persona retorcerse en sí misma buscando alivio el cual no encuentra, mientras sucede esto, todos observan su reacción con una sonrisa macabra en el rostro.

> *"Y el hombre o la mujer que evocare espíritus de muertos o se entregare a la adivinación, ha de morir; serán apedreados; su sangre será sobre ellos". Levítico 20, 27.*

Ídolo o caldero del palo.

Conocido entre los brujos como "ganga", "prenda" o "kimdembo", este está formado entre otras cosas, con un caldero que puede ser de hierro o de barro. Una de las cosas principales que le ponen es cráneo de persona. También le ponen huesos como por ejemplo la tibia de los dos pies, falanges de los pies, de las manos, fémurs, radio, uña, mandíbula, etc. Debo decirles también que todos estos huesos no hacen ni sirven para nada, pero Satanás necesita que el hombre crea en algo que ve y entonces él mueve sus espíritus de demonio como le convenga.

> *"¿Qué digo, pues? ¿Que el ídolo es algo, o que sea algo lo que se sacrifica a los ídolos? Antes digo que lo que los gentiles sacrifican, a los demonios lo sacrifican, y no a Dios; y no*

quiero que vosotros os hagáis partícipes con los demonios".
1 Corintios 10, 19–20.

Todo esto dentro de los calderos, junto a diferentes tierras de diferentes lugares, empezando por la del cementerio, junto a diferentes palos, diferentes animales, alacranes, arañas peludas, serpientes y lechuzas. En fin, todos los animales más inmundos que usted pueda imaginarse, conforman el caldero donde el brujo de la religión palera hace sus brujerías, y lugar también donde es echada la sangre de la persona que se está iniciando. Esta sangre es el pacto que la persona está haciendo con Satanás, aunque, como es natural, no lo sabe y tampoco se imagina que esto puede perjudicarle grandemente en el día del juicio. Si observamos por un momento con sinceridad lo que ha ocurrido con la ceremonia del rayamiento en palo, es un sacrificio vivo de la persona a los ídolos que representan a los demonios, que equivale a que la persona ha entregado su alma al diablo.

"Porque la vida de la carne en la sangre está, y yo os la he
dado para hacer expiación sobre el altar por vuestras almas;
y la misma sangre hará expiación de la persona". Levítico
17, 11.

La vida de la carne está en la sangre. Las personas hoy en día van a estos lugares a consultarse para resolver sus problemas, pero el resultado es que salen de esos lugares con más problemas y sin dinero.

Características de los demonios del palo.

Las personas que hacen este pacto diabólico, sin lugar a dudas, reciben un espíritu atrasado, y digo atrasado, porque el tipo de demonio que gobierna esa religión tiene que aparentar brusquedad, simpleza y en muchas ocasiones, adquieren características de perros. Cuando una persona cae en trance, este tipo de espíritu maligno en muchas ocasiones, le es quemada pólvora en las espaldas a modo de comprobar si en realidad está en completo trance. Esto prueba que la persona es completamente poseída por los demonios. Debo destacar que las características de perro son mostradas por la persona en transe porque ladra como perro, camina con las piernas y con dos manos con el lomo levantado.

"Jehová te llevará a ti, y al rey que hubieres puesto sobre
ti, a nación que no conociste ni tú ni tus padres; y allá

servirás a dioses ajenos, al palo y a la piedra. Y serás motivo de horror, y servirás de refrán y de burla a todos los pueblos a los cuales te llevará Jehová". Deuteronomio 28, 36–37.

De estas cosas se están llenando los pueblos en estos tiempos a la vista de todos, pero no lo ven. A través de este libro hago un llamado a los hombres de buena cordura, a los hombres que aman la raza humana, a los hombres diligentes, a los hombres sencillos, a que se unan contra esta plaga que amenaza las buenas costumbres de Dios.

CAPÍTULO 4

CÓMO FUNCIONA LA ADIVINACIÓN

Realmente la adivinación está representada por un espíritu que lleva ese nombre de "adivi-nación".

"Aconteció que mientras íbamos a la oración, nos salió al encuentro una muchacha que tenía espíritu de adivinación, la cual daba gran ganancia a sus amos, adivinando". Hechos 16, 16.

Conozca cómo funcionan los espíritus.

La función de los espíritus de demonios es manifestarse a través de los hombres, de los animales, y puede formarse en visiones. Los espíritus de demonios pueden ver y oír lo que hacemos los hombres. Ellos pueden influenciar la mente de los hombres, y pueden entrar en el cuerpo de estos. Ellos pueden traer otros espíritus para que entren también en el cuerpo de los hombres.

"Entonces va, y toma consigo otros siete espíritus peores que él, y entrados, moran allí; y el postrer estado de aquel hombre viene a ser peor que el primero. Así también acontecerá a esta mala generación". Mateo 12, 45.

Estos espíritus de demonios pueden poseer a los hombres sin que el hombre se dé cuenta. De esta forma y conociendo que para los espíritus en el mundo en que viven no hay distancias, usted puede darse cuenta y comenzar a entender el engaño tan grande y profesional que tienen estos espíritus con la humanidad.

Antes de continuar, debo decirles que esos espíritus de que estamos hablando, son demonios y están dirigidos por Satanás, porque los espíritus de las personas que mueren no toman más parte en nada de lo que se hace debajo del sol en esta tierra, no importa el tiempo que haga que haya muerto, no toman más parte en nada, ni pasan en las llamadas misas, ni se le presentan a los familiares, ni nada de esas cosas que Satanás le ha hecho creer a la humanidad.

> *"Aún hay esperanza para todo aquel que está entre los vivos; porque mejor es perro vivo que león muerto. Porque los que viven saben que han de morir; pero los muertos nada saben, ni tienen más paga; porque su memoria es puesta en olvido. También su amor y su odio y su envidia fenecieron ya; y nunca más tendrán parte en todo lo que se hace debajo del sol". Eclesiastés 9, 4–6.*

Por otra parte, también existen espíritus buenos y ángeles de Dios. Los espíritus buenos y los ángeles de Dios, no toman parte en adivinación ocultista de ningún tipo, y menos vienen a formar parte de ninguna misa espiritual. Dios condena el espiritismo en todas sus manifestaciones. Dios condena y deplora todo tipo de oscurantismo. Dios condena todo tipo de adivinación. No tiene parte con nadie que haga estas cosas, aunque traten de hacer creer que Dios está en la adivinación o en el espiritismo.

> *"Y el hombre o la mujer que evocare espíritus de muertos o se entregare a la adivinación, ha de morir; serán apedreados; su sangre será sobre ellos". Levítico 20, 27.*

También puede leer en Levítico 20, 6:

> *"Y la persona que atendiere a encantadores o adivinos, para prostituirse tras de ellos, yo pondré mi rostro contra la tal persona, y la cortaré de entre su pueblo".*

En este capítulo, el espiritismo tiene una amplia explicación de quién es el espíritu que engaña a los espiritistas haciéndoles creer que es un congo protector o la monja protectora o el indio guía espiritual como se hacen llamar, y muchas más explicaciones con claridad del porqué los familiares no pasan en las llamadas misas espiritistas. Pero ahora continuemos con la llamada adivinación.

Cuando la persona viene a la consulta con el adivino, cualquiera que este fuere: síquico, santero, babalao, cartomántico o lector de las manos, está visitando a los demonios para los cuales trabaja el llamado adivino, aunque este se esconda detrás del nombre más sofisticado que exista.

El llamado adivino ignora que él está siendo utilizado con un fin macabro, que es traspasar el alma de la persona que se consulta a las filas de Satanás, con el fin de conducirla a la muerte espiritual.

"Y vi a los muertos, grandes y pequeños, de pie ante Dios; y los libros fueron abiertos, y otro libro fue abierto, el cual es el libro de la vida; y fueron juzgados los muertos por las cosas que estaban escritas en los libros, según sus obras". Apocalipsis 20, 12.

Como el llamado adivino no sabe lo que está pasando, él mismo se llega a creer que de verdad es un enviado de Dios y que nació para eso y que es el mejor en su rama y quién sabe cuántas cosas más.

Conozca el pasado.

El llamado adivino le dice a la persona lo que ya los espíritus de adivinación saben que ha pasado en la vida de la persona. Aunque nadie lo sepa, ellos lo pueden saber y también pueden recordarlo porque ese es su trabajo, y la mente espiritual es superior a la mente del hombre carnal. De esta manera el adivino adquiere popularidad y la persona es engañada, depositando confianza en el ídolo y en el adivino, y la persona que se consulta queda preparada para hacer todo lo que le digan, y también para traer a familiares y amigos para formar la triste cadena que desciende al mismo infierno.

El llamado adivino le quita el poco o mucho dinero que tenía el paciente, el que pagó por su desgracia. Mientras los hombres no aprendan que está vigente una ley espiritual que sirve para que sepamos el bien y el mal, los demonios los seguirán engañando. Los hombres están caminando al margen de la ley de Dios, y están siendo controlados y dirigidos por espíritus que también están existiendo al margen de la ley de Dios. Con falsa protección y regalos de falso amor y bienestar vanidoso, los espíritus de demonios disfrazados de guías espirituales y protectores, compran la permanencia dentro de los cuerpos de las personas y el disfrute de los mismos para, al final, llevárselos al lugar que Dios creó para todos esos espíritus de maldad, y allí será el lloro y el crujir de dientes.

> *"Y lo castigará duramente, y pondrá su parte con los hipócritas; allí será el lloro y el crujir de dientes". Mateo 24, 5.*

Conozca el presente.

Estos espíritus de demonios saben lo que está pasando la persona en su vida presente, en casi todos los casos son ellos los que le han creado la situación existente a la persona con el objetivo de complicarla con ellos al tratar de resolver el problema en la llamada ayuda espiritual. Ellos hacen a las personas cometer errores y tomar decisiones erróneas que luego traen consecuencias inesperadas llevándolos a situaciones tristes.

> *"Bienaventurado el varón que no anduvo en consejo de malos, Ni estuvo en camino de pecadores, Ni en silla de escarnecedores se ha sentado". Salmo 1, 1.*

Y también ver Proverbios 5, 9–14:

> *"Para que no des a los extraños tu honor, Y tus años al cruel; No sea que extraños se sacien de tu fuerza, Y tus trabajos estén en casa del extraño; Y gimas al final, Cuando se consuma tu carne y tu cuerpo, Y digas: ¡Cómo aborrecí el consejo, Y mi corazón menospreció la reprensión; ¡No oí la voz de los que me instruían, Y a los que me enseñaban no incliné mi oído! Casi en todo mal he estado, En medio de la sociedad y de la congregación".*

Cuando los demonios, utilizando la persona del adivino cualquiera que sea este, dan remedios para resolver cualquier situación, es porque a Satanás le conviene pues tiene un plan a corto o a largo plazo con la persona o la familia de este para que muchos sean complicados por ella. Este caso lo encontramos a diario.

Alguien va al adivino y luego este, al creer que ha resuelto, arrastra a familiares, amigos y conocidos. Si usted es capaz de creer que el psíquico o el santero tiene espíritus que le guían para darle solución a su problema, también usted puede creer que esos espíritus fueron los que le crearon el problema que usted tiene, y usted podrá decir: "¿Y por qué habrían de hacerme daño?", porque son malos, porque ese es su trabajo, hacer daño, porque quieren llevar su alma al infierno, porque de esa forma usted va a consultarse y se compromete con ellos.

Conozca el futuro.

Solo Dios conoce el verdadero futuro.

Es necesario que usted lea atentamente esto. Los demonios crean un futuro falso a través de la adivinación. La persona que se está consultando está recibiendo un espíritu por ir a consultarse a través de lo que ya explicamos de la transferencia espiritual.

> *"Mi pueblo a su ídolo de madera pregunta, y el leño le responde; porque espíritu de fornicaciones lo hizo errar, y dejaron a su Dios para fornicar". Oseas 4, 12*

Ese espíritu recibe órdenes que emanan de Satanás, por medio del adivino. Cuando digo que recibe un espíritu, estoy diciendo que al cuerpo de la persona se le mete un espíritu que se llama "fornicación". Este espíritu tiene el objetivo de hacer cumplir lo que dice la consulta con respecto al futuro de la persona ya que puede influir en la mente, la voluntad y los sentimientos de esta persona.

> *"Y él os dio vida a vosotros, cuando estabais muertos en vuestros delitos y pecados, en los cuales anduvisteis en otro tiempo, siguiendo la corriente de este mundo, conforme al príncipe de la potestad del aire, el espíritu que ahora opera en los hijos de desobediencia, entre los cuales también todos nosotros vivimos en otro tiempo en los deseos de nuestra carne, haciendo la voluntad de la carne y de los pensamientos, y éramos por naturaleza hijos de ira, lo mismo que los demás. Pero Dios, que es rico en misericordia, por su gran amor con que nos amó, aun estando nosotros muertos en pecados, nos dio vida juntamente con Cristo (por gracia sois salvos)". Efesios 2, 1–5.*

Si la persona que se está consultando cree lo que dicen para el futuro, entonces a esta persona le es más fácil que se le presente las predicciones porque lo que creemos puede producirse con mayor facilidad, por lo regular, las cosas malas, porque Satanás tiene dominio limitado sobre ellas. Toda buena dádiva y todo don perfecto viene de

Dios, el Padre de las luces, pero él no lo da a través de la brujería, ni de la adivinación.

El espiritismo.

El enemigo de las almas, Satanás, es conocedor de que el hombre ha sido hecho por Dios para adorar y para la alabanza de su gloria. Satanás trató y consiguió a través del primer hombre Adán, conseguir un lugar temporal en la humanidad mediante el engaño. Esto se originó por la desobediencia de Adán. La desobediencia dio lugar a que entrara el pecado, la muerte y la violencia en el mundo, y estos desórdenes, junto a muchos otros, están representados por espíritus inmundos que trabajan para Satanás.

"Cuando el espíritu inmundo sale del hombre, anda por lugares secos, buscando reposo, y no lo halla". Mateo 12, 43.

Este espíritu inmundo fue colocado por Satanás en la humanidad a través del primer hombre y representa el pecado original que hemos heredado. De esta manera podemos comprobar que todos los hombres tienen un espíritu inmundo que no es de Dios. Y también podemos comprobar que todos los hombres tienen un espíritu que es dado por Dios y representa al hombre, espíritu de vida. El hombre es un ser viviente y un ser es el conjunto de un espíritu, alma y cuerpo.

"Y el mismo Dios de paz os santifique por completo; y todo vuestro ser, espíritu, alma y cuerpo, sea guardado irreprensible para la venida de nuestro Señor Jesucristo". 1 Tesalonicenses 5, 23.

De esta manera podemos comprender que el hombre es un espíritu que vive dentro de un cuerpo y tiene un alma. El alma es el motivo de la lucha existente desde que el hombre nace, ya que en el alma se encuentran los sentimientos, la voluntad y la mente. La lucha se origina entre el espíritu del hombre interior y el espíritu inmundo, impuesto por el pecado original que hemos heredado.

Conozca usted en qué consiste la lucha: El espíritu inmundo trata de influenciar sus características para pervertir el alma del hombre desde muy temprana edad y dominar así los sentimientos, la voluntad y la mente del hombre, siempre que la conciencia de este hombre se lo permita, ya que la conciencia es la que nos dice nuestra condición espiritual y nos habla para que actuemos correctamente y no hagamos caso de las influencias del mal que está en nosotros mismos producto de la existencia del espíritu inmundo. El espíritu inmundo mantiene al hombre interior esclavizado en el interior de su propio cuerpo, el cual se encuentra indefenso por haber perdido la comunión con Dios. De esta manera y por esta razón, el hombre es influenciado, dominado y empujado a hacer cosas que son desagradables a Dios. Mientras el hombre va creciendo, el espíritu se adentra dentro de este hombre según sus actuaciones. Actuaciones que son naturalmente malas, producto de la decadente moral y cinismo en la que ha caído la raza humana donde lo que antes era condenable por las sociedades, hoy se hace como si fuera lo mejor del mundo y es aplaudido por la tolerancia.

Conozca cuál es el espíritu que pasa en el trance por los espiritistas.

Las creencias que Satanás ha sembrado en los corazones de las personas son:

1. Que el hombre cuando muere va a un purgatorio.

2. Que después de muerto el espíritu del difunto necesita misas.

3. Que estas misas deben de ser en una iglesia católica.

4. Que las misas pueden hacerse con una espiritista para poder hablar con el difunto.

5. Que hay que hacer una elevación para que suba donde está Dios, o se eleve.

6. Que hay que darle luz para que no esté penando.

Todas esas creencias y muchas más se han enraizado en los corazones de los hombres, por eso se hace necesario que les explique con lujo de detalles cómo queda repartido el hombre y qué sucede con el hombre después de la muerte física. Bíblicamente hablando, ¿qué quiere decir espiritualmente hablando? Hay dos formas en que un hombre puede morir, una es sin Dios y otra es con Dios, no importa su raza, color, nacionalidad o país de origen, nivel social, sea rico o pobre.

Cuando un hombre muere sin Dios (que no se ha arrepentido de sus pecados y no ha confesado a Jesús como su Salvador) observe lo que sucede con este ser:

1. El cuerpo físico de ese hombre va a la tierra o al polvo (Eclesiastés 12, 7) todos sabemos que se entierra.

2. El espíritu de ese hombre y que representa al hombre mismo, regresa a Dios que lo dio (soplo de vida). Ecleasiastés 12, 7.

3. El alma de ese hombre, que es la parte que tiene voluntad, sentimiento y que piensa va a un lugar de tormento, llamado Hades hasta que sea levantado por el juicio final. (Lucas 16, 22– 24).

4. El espíritu inmundo que estaba en este hombre, que lo tenía esclavizado, que usurpaba la personalidad de este hombre, que era el que tomaba participación directa en todas las cosas desagradables que este hombre hacía y que con seguridad lo llevó al lugar donde se encuentra por no arrepentirse, sale del hombre cuando este muere. Este es el espíritu que pasa por el espiritista haciéndole creer a los familiares que es el espíritu del amado difunto cuando le hacen las llamadas misas espirituales. Este espíritu estaba dentro del familiar muerto, lo conocía, tomaba parte de su vida, pero era, y es, un espíritu inmundo que representa el pecado original del cual todos los hombres deben ser liberados, por eso, Jesucristo murió para libertarnos de ellos. Este espíritu inmundo no solamente lleva al infierno a la persona que muere sin arrepentirse, sino que también continúa haciéndole daño a la familia del difunto llevándolo a realizar obras oscurantistas basadas en creencias erróneas sembradas en las costumbres de los pueblos como son: el espiritismo, astrología, santerías, los cuales captan candidatos para el infierno.

En vida, es la única forma que el hombre puede hacer algo por su alma y por su ser y es mediante un sincero arrepentimiento y apartándose del mal camino o del camino equivocado, recibiendo y confesando a Jesús como su único y legítimo Salvador. Dios, en su infinito poder y cumpliendo su Palabra, limpia a este hombre de toda inmundicia espiritual y perdona sus pecados, por lo que el espíritu inmundo tiene que salir del hombre arrepentido cuando este hombre se arrepiente sinceramente.

1. El cuerpo físico va a la tierra de donde vino (Eclesiastés 12. 7).

2. El espíritu de ese hombre regresa a Dios que lo dio (Eclesiastés 12. 7).

3. El alma de este hombre limpia y regenerada es salvada por Jesús al cumplirse la promesa de Dios (1 Pedro 1, 3–9).

El espíritu inmundo, como explicamos antes, ya ha salido de este hombre y anda tratando de hacerle daño a aquellos familiares que, no creyendo en el evangelio de la salvación, son captados por este espíritu, que en complicidad con los de los espíritus familiares, los llevan a condenación en el oscurantismo.

La reencarnación "no existe".

En los últimos tiempos son bastantes las personas que estudian la vida espiritual en muchos y diferentes aspectos, cosa que es muy hermosa y bonita. Pero, ¿qué base han usado para fundamentar sus creencias o sus deducciones? Si no han usado las Sagradas Escrituras, sino que por el contrario se valen de fuentes contradictorias a las escrituras de la Biblia y en muchas ocasiones se basan solamente en conclusiones de la mente humana dirigidas por el espíritu de la potestad del aire, el espíritu que ahora opera en los hijos de desobediencia.

> *"Antes ustedes estaban muertos a causa de las maldades y pecados en que vivían, pues seguían los criterios de este mundo y hacían la voluntad de aquel espíritu que domina en el aire y que anima a los que desobedecen a Dios. De esa manera vivíamos también todos nosotros en otro tiempo, siguiendo nuestros malos deseos y cumpliendo los caprichos de nuestra naturaleza pecadora y de nuestros pensamientos. A causa de eso, merecíamos con toda razón el terrible castigo de Dios, igual que los demás". Efesios 2, 1–3.*

El hombre puede recibir diferentes tipos de enseñanzas. Las enseñanzas sensoriales (los sentidos), enseñanzas espirituales, esta última puede provenir de dos diferentes fuentes, benignas (de parte de Dios y a través del Espíritu Santo), o malignas de parte de Satanás, sin importar su apariencia.

En el capítulo anterior pudimos darnos cuenta de cómo está formado el hombre espiritual (hombre interior) y también pudimos darnos cuenta en qué forma se distribuye después de la muerte. Las Escrituras son claras cuando explican que después de la muerte el hombre no toma más parte en nada de lo que se hace debajo del sol.

> *"Aún hay esperanza para todo aquel que está entre los vivos; porque mejor es perro vivo que león muerto. Porque los que viven saben que han de morir; pero los muertos nada saben, ni tienen más paga; porque su memoria es puesta en olvido. También su amor y su odio y su envidia fenecieron ya; y nunca más tendrán parte en todo lo que se hace debajo del sol". Eclesiastés 9, 4–6.*

No participa en misas espirituales de ningún tipo, no participa en adivinaciones de ningún tipo, no acompaña a nadie como protector, ni como guía espiritual de ningún tipo. Tampoco hablan al oído de las personas espiritistas, no se encarnan por segunda, ni por tercera vez en el cuerpo de los hombres para nacer otra vez (reencarnación). Los espíritus que se manifiestan en las personas o a través de las personas, son los espíritus de demonios los cuales engañan al mundo entero.

> *"Así que fue expulsado el gran dragón, aquella serpiente antigua que se llama Diablo y Satanás, y que engaña a todo el mundo. Él y sus ángeles fueron lanzados a la tierra". Apocalipsis 12, 9.*

Son los demonios dirigidos por Satanás quienes salen de una persona para meterse en otras, y en muchas ocasiones llegan a manifestar diferentes personalidades en una misma persona, puede hacerle creer que han vivido en otros tiempos. Este tipo de manifestación ocurre en muchos casos de homosexuales que en los primeros tiempos de la manifestación de un espíritu con características femeninas tratan de ser varones como realmente son, pero dominados por estos espíritus de demonios son llevados a ser homosexuales sin que el hombre interior quiera.

Capítulo 5

LA IDOLATRÍA Y LA HOMOSEXUALIDAD

Hace poco tiempo oía un programa en la radio donde se estaba debatiendo entre el director del programa y varios homosexuales el tema de que ellos querían sus derechos como humanos que son.

El director del programa le decía: "Pero díganme, ¿qué es lo que ustedes quieren?". Y ellos le contestaron: "Nosotros queremos que se nos reconozca como un tercer sexo. Porque mientras la ciencia no nos diga porqué una persona nace siendo homosexual, nosotros seguiremos luchando por nuestros derechos a que se nos reconozca como un tercer sexo".

Yo, que oía con atención lo que se estaba debatiendo, me dije a mí mismo: «Ellos quieren que la ciencia diga por qué nace un hombre homosexual». Me pregunté entonces: «¿Qué es la ciencia?», y comencé a buscar en el diccionario, la palabra ciencia. Encontré que ciencia es: "Conocimiento cierto de las cosas por sus principios y causas".

Entonces razoné así: "El conocimiento cierto es que Dios creó al hombre y lo hizo varón y hembra, luego entonces algo sucedió, por lo cual un espíritu equivocado entró en ese cuerpo que está haciendo que un hombre se sienta mujer o que una mujer se sienta atraída por otra mujer". Y la pregunta que hacía este homosexual de ¿por qué nace homosexual?, me hizo comenzar a estudiar y a buscar la dirección de Dios sobre este asunto tan delicado en ayuno y oración y esto fue lo que encontré:

La sodomía = concúbito entre dos personas de un mismo sexo.

Sodomita - Cópula carnal.

Después que la maldad entró en el mundo, Dios tuvo que establecer leyes las cuales dijeran qué era lo bueno y qué era lo no aceptable por Dios que es el Creador. Estas leyes delimitaron el bien y el mal para todos los hombres y mujeres de este mundo.

Todos sabemos que existen unos espíritus que están en esta tierra viviendo al margen de la ley de Dios. Esos espíritus no tienen un cuerpo físico para manifestarse en este medio ambiente material, pero tienen algunos poderes: pueden influenciar la mente de las personas, también, pueden ponerles deseos de hacer cosas, y también pueden oír lo que hablamos, pueden penetrar los cuerpos de las personas que le obedezcan en su sugestión.

> *"No te echarás con varón como con mujer; es abominación. Ni con ningún animal tendrás ayuntamiento amancillándote con él, ni mujer alguna se pondrá delante de animal para ayuntarse con él; es perversión". Levítico 18, 22–23.*

Sucede que muchas personas dicen: la Biblia la hicieron los hombres y no creo en ella, y empiezan a argumentar. Pero déjeme decirle que, aunque las personas no crean en la Biblia, esos espíritus sí creen y a esos espíritus no les interesa si las personas lo creen o no. El trabajo de ellos es que cuando alguien viola las leyes que Dios ha dicho, entran en acción contra los violadores y los esclavizan a seguir haciendo lo que esos espíritus quieran.

> *"Si alguno se ayuntare con varón como con mujer, abominación hicieron; ambos han de ser muertos; sobre ellos será su sangre". Levítico 20, 13.*

El único que los puede librar de esos espíritus es Jesucristo, si te arrepientes de todo lo que has hecho con sinceridad de corazón.

El espíritu de sodomía se puede heredar. Si la progenitora o el progenitor dieron entrada en su cuerpo en algún momento de su vida este espíritu puede pasar al niño y desarrollarse en la vida de este desde pequeño. Otra manera es si el niño se desenvuelve desde pequeño en un ambiente donde hay espíritu de sodomía, ellos pueden influenciar a este niño para que haga lo que ellos desean, si el niño los obedece en sus deseos, entonces ellos pueden penetrar en su cuerpo y convertirlo en un homosexual.

En cuanto a aquellos que fueron violados cuando pequeños y han logrado mantenerse como hombres, quizás con ciertas luchas interiores y se han casado, cuando llegan al tiempo que Dios ha establecido para que cada uno de cuenta por sus actuaciones, entonces esos espíritus que adquirieron en su juventud, se manifiestan para que la persona vuelva a hacer lo mismo que hizo antes.

"Pues habiendo conocido a Dios, no le glorificaron como a Dios, ni le dieron gracias, sino que se envanecieron en sus razonamientos, y su necio corazón fue entenebrecido. Profesando ser sabios, se hicieron necios, y cambiaron la gloria del Dios incorruptible en semejanza de imagen de hombre corruptible, de aves, de cuadrúpedos y de reptiles. Por lo cual también Dios los entregó a la inmundicia, en las concupiscencias de sus corazones, de modo que deshonraron entre sí sus propios cuerpos, ya que cambiaron la verdad de Dios por la mentira, honrando y dando culto a las criaturas antes que al Creador, el cual es bendito por los siglos. Amén. Por esto Dios los entregó a pasiones vergonzosas; pues aun sus mujeres cambiaron el uso natural por el que es contra naturaleza, y de igual modo también los hombres, dejando el uso natural de la mujer, se encendieron en su lascivia unos con otros, cometiendo hechos vergonzosos hombres con hombres, y recibiendo en sí mismos la retribución debida a su extravío. Y como ellos no aprobaron tener en cuenta a Dios, Dios los entregó a una mente reprobada, para hacer cosas que no convienen". Romanos 1, 21–28.

En ese tiempo, si la persona no recibe a Jesucristo y se queda sin la protección de quien murió por él en la cruz del calvario, entonces como esos espíritus tienen algún poder, lo arrastran de su casa y de su familia y se convierten en homosexuales, aunque no quieran.

Con esto les estoy diciendo, amados lectores, que Cristo es la solución para todas las cosas. Él puede cambiar a las personas porque Jesús liberta de los espíritus y de los pecados que el hombre haya cometido, por eso él dijo: "Padre, perdónalos que ellos no saben lo que hacen".

Hay promesa de Dios para los que quieran hacer las cosas correctas.

"Esparciré sobre vosotros agua limpia, y seréis limpiados de todas vuestras inmundicias; y de todos vuestros ídolos os limpiaré. Os daré corazón nuevo, y pondré espíritu nuevo dentro de vosotros; y quitaré de vuestra carne el corazón de piedra, y os daré un corazón de carne. Y pondré dentro de vosotros mi Espíritu, y haré que andéis en mis estatutos, y guardéis mis preceptos, y los pongáis por obra. Habitaréis en la tierra que di a vuestros padres, y vosotros me seréis por pueblo, y yo seré a vosotros por Dios". Ezequiel 36, 25–28.

CAPÍTULO 6

EL "IKOFA"

Este es el nombre que se la da en la lengua existente en la brujería babalaística a la ceremonia de recibir el ídolo llamado orunla por la mujer. En esta ceremonia, la mujer iniciada se convierte en "apeterbi", o sea, en mujer de un espíritu de nombre orunla, ya que esta ceremonia significa casarse con el muerto mayor que en esa religión se considera que es el tal orumila. También puedo decirles que esta se cree que es la ceremonia mayor que puede realizar una mujer dentro de la religión santera. Este ídolo como es natural, está representado materialmente por unas semillas de palmeras llamadas ikines y espiritualmente lo representa un espíritu conocido entre los santeros como el rey de la adivinación. Este espíritu le gusta mucho las mujeres y por él, los babalaos están autorizados a tener siete mujeres. Demás está decirles que este espíritu es el que se las consigue.

Esta ceremonia se hace a puerta cerrada, pero es necesario que al igual que otras ceremonias, sea puesta al descubierto para que muchas mujeres que han sido iniciadas en estas, vean el peligro que corren sus almas y puedan arrepentirse a tiempo. También, para que otras mujeres y madres no permitan que sus hijas enreden sus vidas con estos demonios que gobiernan las vidas de sus creyentes.

La mujer es llevada hasta la puerta de un cuarto con sus ojos vendados donde hay una cortina blanca en la entrada, allí ante la puerta es arrodillada todavía con el paño cubriendo sus ojos. Ante esa puerta, ella tiene que decir su nombre y apellido contestando a la pregunta que le hace un babalao desde adentro. También ella tiene que decir con su boca a quién ella viene a buscar (en este caso, el nombre del ídolo que va a recibir). Tiene que contestar la pregunta de para qué lo viene a buscar.

Cuando la mujer es introducida en aquel cuarto después de besar varias veces el piso arrodillada, comienza la matanza de los gallos, pollos, palomas, jicoteas, en oportunidades, chivos y las famosas gallinas negras. Estas gallinas, después de ser sacrificadas, arrancándole la cabeza con la mano, son tomados los cuerpos de esas gallinas y uniendo los cuellos de gallinas paralelamente en la misma dirección al igual que los cuerpos, le son introducidos en la boca a la mujer que recibe el ídolo y se le dice que chupe y trague la sangre que aún chorrea, los cuellos de las gallinas después de haberles untado manteca de corojo y miel de abeja. En ese mismo momento de la ceremonia cuando la mujer o las mujeres que reciben, se tragan la sangre de sus respectivas gallinas, el espíritu del tal orunla entra en sus cuerpos y ellas le pertenecen. Todavía, sin reponerse de aquel tremendo trago de sangre mezclado con manteca y arrodillada con sus ojos cerrados bajo promesa que no los abrirían, le entregan un vaso lleno de un líquido verde, producido de yerbas trituradas a mano, llamado homiero para que se lo tome todo. Si ella comienza a sentirse asqueada, le dicen que si lo vomita tendrá que hacerlo otra vez.

Y yo me preguntaba cuando veía eso: ¿estará Dios en todo esto cuando Él dice en su Palabra, lo siguiente?:

"Que os abstengáis de lo sacrificado a ídolos, de sangre, de ahogado y de fornicación; de las cuales cosas si os guardareis, bien haréis". Hechos 15, 29.

¿Estará Dios en todo esto cuando dice en Éxodo 20, 5 lo siguiente?:

"No te inclinarás a ellas, ni las honrarás; porque yo soy Jehová tu Dios, fuerte, celoso, que visito la maldad de los padres sobre los hijos hasta la tercera y cuarta generación de los que me aborrecen".

Debo decirles que miles de mujeres han sido llevadas delante de esa puerta de muerte y sacrificio, muchas mujeres infelices se han casado con ese espíritu de muerto.

Una vez terminada la primera parte de la sangrienta ceremonia, todavía le falta algo más que hacer a la mujer iniciada en el famoso ikofa.

Las cabezas de las gallinas que ella chupó con su boca, tragándose la sangre y lo demás, se cocinan con pico y todo, cresta, lenguas, ojos, etc. Y la mujer tiene que comérselas y limpiarlas por dentro y por fuera, de manera que quede el cráneo pelado. Alguien la estará cuidando para que ella se la coma toda lo más que pueda, incluyendo los sesos dentro del cráneo. Quizás usted, amigo lector, piense que estoy exagerando, pero no lo estoy. Estoy diciendo las cosas tal y como son para que conozca la verdad, la cual le hará libre.

En esa ceremonia también existe un momento donde se sientan los babalaos para decirle a las personas quién es su padre o su madre, dentro de las creencias santeras. Note que en esos manejos santeros las mujeres que están recibiendo, están haciendo cantidad de cosas que tienen un sentido espiritual sin ellas darse cuenta. Están haciendo pactos con agentes satánicos sin saberlo. Las Escrituras dicen con claridad a las personas que Jesús les habló de la salvación y querían continuar haciendo daño lo siguiente:

> *"Vosotros sois de vuestro padre el diablo, y los deseos de vuestro padre queréis hacer. Él ha sido homicida desde el principio, y no ha permanecido en la verdad, porque no hay verdad en él. Cuando habla mentira, de suyo habla; porque es mentiroso, y padre de mentira". Juan 8, 44.*

Un ídolo llamado eleggua (echu).

No puedo dejar de escribir con relación a este ídolo conocido por los creyentes y por las personas que no son creyentes como eleggua.

El motivo por el cual se hace necesario que escriba sobre este demonio es que son muchas las personas inocentes captadas por la santería a las que después de consultarlas se le dice que necesita un resguardo para su casa o para su persona y para su familia y que este resguardo es un ídolo llamado eleggua.

Como la persona no sabe nada de lo que está haciendo y como tiene problemas que resolver, esperanzada en que conseguirá lo que quiere o necesita, hace la peor decisión al recibir este ídolo. Este ídolo es el primero que se recibe en la religión santera y se dice que abre las puertas, pero las puertas que abre es para que otros espíritus, como él, entren en la vida de las personas que lo reciben.

Por regla general, en la santería, cuando una persona recibe este ídolo también tiene que recibir y llevar para su casa tres ídolos más que corresponden a tres espíritus más. Uno se llama oggun, espíritu sanguinario que se dedica a matar. Este espíritu de demonio, se cree, en la religión santera, que fue el primer gobernante del mundo antiguo. Cazador, negro, prieto, que por la forma en que es descrito por las historias santeras, podemos observar que adoran al mismo ninrod, que significa rebelde, quien fuera el primer poderoso de la tierra según se declara en la Biblia en Génesis 10, 9: "Hijo de Cus, nieto de Noel y oriundo de Canaán".

Junto con el llamado eleggua, la persona adora en su propia casa a tres espíritus de demonios más, a un tal ochosi y a otro llamado osun. Este último obra subjetivamente en la vida de la persona que lo recibe, se le advierte a la persona que cuando se cae este ídolo, que está representado por un gallito que mide tres pulgadas, hecho de plomo, parado en un pedestal de aproximadamente un pie de alto, quiere decir que algo pasa en la vida de la persona o va a pasar. La realidad es que nada va a pasar, pero como la persona se sugestiona y realmente cree que algo pasará, eso hace que se active la ley espiritual existente y piense que dice: "Como creíste te sea hecho".

"Luego Jesús dijo al capitán: —Vete a tu casa, y que se haga tal como has creído. En ese mismo momento el criado quedó sano". Mateo 8.13

Las mismas acciones espirituales malignas que la persona tiene en su casa por recibir los ídolos eleggua se encargan de castigar el temor o sugestión si la persona no va a la consulta con el padrino cuando se cae el tal gallito llamado osun que entre otras cosas tiene que darle sangre de paloma cuando se cae.

"Y si alguien recurre a espíritus y adivinos, y se corrompe por seguirlos, yo me pondré en contra de esa persona y la eliminaré de entre su pueblo". Levítico 20, 6.

Estos cuatro espíritus de demonios que quedan representados por cuatro ídolos son colocados detrás de la puerta de entrada en la casa de la persona que los recibió y allí tiene que darle de comer sangre sacrificándole gallos, pollos, palomas, dentro de la casa y detrás de la puerta de entrada. Lo que a los ídolos se sacrifica, a los demonios se sacrifica.

> *"Con esto no quiero decir que el ídolo tenga valor alguno, ni que la carne ofrecida al ídolo sea algo más que otra carne cualquiera. Lo que digo es que cuando los paganos ofrecen algo en sacrificio, se lo ofrecen a los demonios, y no a Dios, y yo no quiero que ustedes tengan nada en común con los demonios. No pueden beber de la copa del Señor y, a la vez, de la copa de los demonios; ni pueden participar de la mesa del Señor y, a la vez, de la mesa de los demonios". 1 Corintios 10, 19–21.*

Desde el punto de vista espiritual, que es desde el punto de vista que trabaja la santería, la casa donde han entrado los demonios se convierte en una casa satánica, aunque sus moradores crean otra cosa. Sus vidas están en manos de Satanás a través del engaño. Dios no aprueba la hechicería ni la idolatría. Las Escrituras nos enseña porqué utilizan las piedras detrás de las puertas y porqué dicen que el ídolo eleggua lo representa un espíritu de niño. Dios condena la santería y la hechicería.

> *"Mas vosotros llegaos acá, hijos de la hechicera, generación del adúltero y de la fornicaria. ¿De quién os habéis burlado? ¿Contra quién ensanchasteis la boca, y alargasteis la lengua? ¿No sois vosotros hijos rebeldes, generación mentirosa, que os enfervorizáis con los ídolos debajo de todo árbol frondoso, que sacrificáis los hijos en los valles, debajo de los peñascos? En las piedras lisas del valle está tu parte; ellas, ellas son tu suerte; y a ellas derramaste libación, y ofreciste presente. ¿No habré de castigar estas cosas? Sobre el monte alto y empinado pusiste tu cama; allí también subiste a hacer sacrificio. Y tras la puerta y el umbral pusiste tu recuerdo; porque a otro, y no a mí, te descubriste, y subiste, y ensanchaste tu cama, e hiciste con ellos pacto; amaste su cama dondequiera que la veías". Isaías 57, 3– 8.*

Cuando las personas no le dan aguardiente detrás de las puertas o le matan pollos, entonces estos espíritus comienzan a enfermar a las personas en la casa y a crearles problemas, al extremo de dejarlos sin nada si no continúan haciendo lo que los ídolos quieren. Solo Dios puede salvar a estas personas de esos espíritus y por eso, dio a su Hijo Unigénito para que todos los que en él crean, no se pierdan sino, que tenga vida eterna.

Ceremonia de ifa.

Después de largas horas sentado frente a una pared de un cuarto en un asiento cualquiera, de pronto y casi sin esperarlo, algunos de los treinta o cuarenta hombres babalaos que asistían a la ceremonia, se acercan por detrás y le ponen un paño por encima de la cabeza, le tapan la cara y la cabeza de modo que no pueda ver nada ni al frente, ni abajo para el piso, ni a los costados, ni para arriba. El hombre iniciado es levantado del asiento en que estaba y comienza la terrible ceremonia en la que el iniciado le entrega su alma al diablo sin saberlo.

> *"El día en que el Señor habló con ustedes de en medio del fuego, en el monte Horeb, no vieron ninguna figura. Tengan, pues, mucho cuidado de no caer en la perversión de hacer figuras que tengan forma de hombre o de mujer, ni figuras de animales, aves, reptiles o peces. Y cuando miren al cielo y vean el sol, la luna, las estrellas y todos los astros, no caigan en la tentación de adorarlos, porque el Señor su Dios creó los astros para todos los pueblos del mundo". Deuteronomio 4, 15–19.*

Desde el lugar donde estaba sentado el que va a ser iniciado, se le pone en la cabeza una canasta grande la cual el iniciado tiene que sostener con sus dos manos para evitar que todo el peso que hay dentro de la canasta producido por los diferentes objetos colocados dentro de la misma, pueda desnucarlo. La canasta tiene aproximadamente un metro y cuarto de diámetro y un pie de profundidad. El peso de la canasta es de 80 a 100 libras después de cargada con las cosas que lleva dentro que son las que van a ser utilizadas en la ceremonia. Una vez la canasta ha sido colocada en la cabeza del que va a ser iniciado, proceden a atarle al cinto del pantalón que tienen puesto el niofito (iniciado). La punta de una soga que también tiene atada en su otro extremo una chiva adulta, la soga es lo suficientemente corta para que el iniciado o niofito pueda caminar con bastante dificultad la trayectoria que tiene que hacer desde donde estaba sentado por horas hasta la puerta del cuarto donde se hará la ceremonia.

Junto a todo esto le es colocada otra soga en el cuello, de manera que le quede colgando al frente sus dos extremos en los que le han atado previamente dos gallinas en un lado y un gallo en el otro, de forma tal que esos animales le queden colgando a la altura de la rodilla, de manera que le dificulten el caminar al mismo. Con la canasta en la cabeza, la chiva, alando al cinto y el gallo, más las dos gallinas colgando del cuello por la soga, comienza la caminata que lo separa de la puerta del famoso cuarto ceremonial, que es de una distancia de quince a veinte metros según el tamaño de la casa, ya que esta ceremonia no se hace fuera para mantener el secreto. Los babalaos caminan con el iniciado en aquella larga caminata, porque ellos, los babalaos, se le recuestan en la canasta haciéndola más pesada por momentos, también, le ponen la chiva delante para impedirle el caminar. Le gritan que hay un hueco delante, que levante los pies, le ponen objetos delante para que tropiese. En fin, que los metros que debía caminarlos en tres minutos, se convierten en millas de largo caminar por las condiciones que le presentan.

Una vez que llega a la puerta del cuarto, el iniciado es arrodillado con su canasta en la cabeza, para preguntarle a un demonio que está en la puerta, si el iniciado puede entrar; el nombre del demonio de la puerta es shilekun. La pregunta la hacen con cuatro pedazos de cocos secos que son tirados en el piso, después de mencionar todos los difuntos babalaos que se acuerde el que tira los cocos. Una vez dentro del cuarto, comienza la ceremonia.

El cuarto de ifa.

Este cuarto, puedo decirles, que parece una imitación del tabernáculo de reunión que habla las Sagradas Escrituras. Satanás quiere imitar las cosas de Dios ya que él no puede crear nada. El cuarto se encuentra rodeado de cortinas blancas en las puertas y las ventanas y como si fuera un dorcel, en cada ventana hay hojas de guano de palma deshilachado, formando como una segunda cortina, pero pequeña, de aproximadamente dos pies de largo a todo el ancho de las puertas y las ventanas. El cuarto es dividido en dos lugares por una cortina hecha de sábanas blancas de pared a pared, y también se ponen cortinitas de hojas de guano de palma tiernas (estas se llaman cortinas de maribo).

El cuarto debe tener dos puertas en dos partes opuestas. El tamaño del cuarto después de dividido debe ser suficiente para que quepan treinta o cuarenta hombres y con espacio suficiente para moverse ampliamente en cada mitad. Es bueno que diga que el peso de la canasta se pone para que la persona iniciada no pueda darse cuenta del peso espiritual que es colocada en su cuerpo cuando entra en ese cuarto lleno de influencia espiritual casi palpable.

En un rincón del cuarto de un lado de la cortina que divide el mismo, se encuentra el ídolo que representa la religión santera, un tal olofín, el cual se encuentra muy bien representado por una lata soldada y sellada, la medida de la lata es un galón aproximadamente, se dice que, si esta representación diabólica representada por este ídolo no está presente, no se puede hacer la ceremonia de babalao al iniciado. Este ídolo come sangre de paloma principalmente. Esta lata llamada olofín cuesta mucho dinero recibirla. Espiritualmente hablando, una representación satánica grande se encuentra en el lugar.

> *"Porque no tenemos lucha contra sangre y carne, sino contra principados, contra potestades, contra los gobernadores de las tinieblas de este siglo, contra huestes espirituales de maldad en las regiones celestes". Efesios 6, 12.*

Delante de ese ídolo que es colocado en el piso, se pone una cortina blanca de un metro de altura que cubre el rincón angular y frente a estas cortinas, son colocadas unas tablas que son las tablas del pacto del babalao. Estas tienen aproximadamente un metro y medio de largo por un pie de ancho y unos tres cuartos de pulgadas de espesor. Las tablas se encuentran redondeadas en los extremos y son puestas en el piso delante de las cortinas que tapan al ídolo olofin en el rincón y sobre ellas, son escritos con cascarilla y ron blanco diferentes signos los cuales son los nombres de diferentes espíritus de demonios que van a formar parte del pacto que va a realizar el iniciado delante de aquel dios y su representación espiritual.

Sobre estos signos que están escrito en las tablas, son sacrificados diferentes animales y la sangre cubrirá todos esos signos y también las tablas, encima de la sangre acabada de echar son puestas plumas de gallinas, pimienta de guinea, pedacitos de cocos. El iniciado es arrodillado sin camisa, sus pantalones arremangados hasta la rodilla, sin zapatos y las manos cogidas una con la otra en las espaldas y tiene que comerse toda la sangre de gallinas que está en la tabla y también tragarse las plumas, la pimienta y los pedazos de coco y limpiar con su lengua aquella tabla. Mientras esto está pasando, los babalaos presentes estimulan con palabras al iniciado para que no vomite porque si vomitara, tendría que volver hacer la misma ceremonia.

> *"¿Qué digo, pues? ¿Que el ídolo es algo, o que sea algo lo que se sacrifica a los ídolos? Antes digo que lo que los gentiles sacrifican, a los demonios lo sacrifican, y no a Dios; y no quiero que vosotros os hagáis partícipes con los demonios".*
> *1 Corintios 10, 19–20.*

Este es un pacto con el diablo allí presente y en ese pacto le es colocado en el interior del iniciado, un espíritu llamado orunla que se dice es el rey de la adivinación.

> *"No os volváis a los encantadores ni a los adivinos; no los consultéis, contaminándolos con ellos". Levítico 19, 31.*

Ceremonia para rasparle la cabeza al que se inicia como babalao.

Una vez más el enemigo de las almas conocedor de las Escrituras, hace que los hombres en su afán de poseer dominios espirituales, llevados por la ignorancia, son arrastrados a juramentar y pactar con los muertos a través de ceremonias ilegítimas como lo es rasparse la cabeza por un muerto.

> *"Hijos sois de Jehová vuestro Dios; no os sajaréis, ni os raparéis a causa de muerto". Deuteronomio 14, 1.*

Es colocado en el medio de la mitad de aquel cuarto, donde se continúa haciendo la ceremonia, una silla en la que se sienta al iniciado de frente al ídolo mayor de la religión santera, al tal olofin, que yace en un rincón en el piso detrás de una pequeña cortina blanca.

De pie, y alrededor del individuo iniciado, se colocan ocho o diez babalaos que sostendrán un paño blanco sujetado al cuello del "niofito" y también mantendrán levantado por los bordes de manera que el pelo no caiga al piso cuando sea cortado porque este pelo se utiliza en un simbólico entierro que tendrá lugar a cabo después de hecha la ceremonia completa del babalao.

A cada lado del iniciado y adicional a los que sostienen el paño, se colocan dos babalaos; cada uno tendrá debajo del brazo un gallo vivo, que sostendrá todo el tiempo que dure la ceremonia pegado al pecho de manera que el gallo pueda ver todo lo que se hace en la barbería (raspado de cabeza). Estos dos babalaos también tendrán en la mano un plato blanco con una tijera y una vela encendida en cada plato que no se pueden apagar mientras dure la ceremonia. En esta ceremonia participan todos los babalaos que estén presentes, empezando desde los mayores hasta los más pequeños en edad de iniciados. Cuando todo está preparado, el que está al frente de la ceremonia, toma las tijeras, la levanta bien alto y levantando su mirada como si pidiera permiso, comienza la ceremonia cantando y llamando a un demonio llamado ogbejuani y todos los presentes responden el canto a coro.

Uno a uno, desde el mayor hasta el más pequeño, van pasando por frente al iniciado y van cortándole un pedacito de pelo, cada uno con las tijeras hasta que lo rebajan lo más posible. Mientras le cortan el pelo al iniciado, la misma canción continúa ininterrumpidamente. De igual manera sucede con la navaja, desde el mayor hasta el más pequeño van cortándole el pelo al "niofito" de manera que le quede bien raspado hasta el cráneo. Después de esto, la cabeza del iniciado está bien lisa y sin ningún cabello.

Entonces se le dice al iniciado que cierre los ojos y que abra la boca para echarle un champú brujero. El iniciado no se imagina jamás que alguien se acerca con una botella de aguardiente para echársela en la cabeza que ha sido acabada de raspar por muchas manos las cuales no son barberos y muchos de ellos no saben usar la navaja. Hay momentos de tensión, burlas y risas calladas. Entonces comienzan a echarle el aguardiente en la cabeza al iniciado que se contrae del ardor que produce aquel aguardiente. De los ojos que mantenían cerrados, comienzan a salir lágrimas, las cuales no se pueden aguantar. La respiración se pierde por la gran cantidad de aire aspirado de pronto por la sorpresa. Parece que el cielo se une con la tierra en ese momento interminable. Mientras el ardor se comienza a sentir caliente en la cabeza, alguien comienza a pasarle las manos por la cabeza con manteca de cacao hasta que le cubre toda con la grasa. Desde que comenzó el raspado de la cabeza hasta el final de este, han transcurrido alrededor de una o dos horas.

No fue cien años atrás, no fueron veinte años lo que Dios determinó para que estos secretos dejaran de ser secretos. Este es el tiempo del Señor para que muchas vidas sean salvadas por el conocimiento de la verdad.

Ceremonia para la pintura de la cabeza al que se inicia como babalao.

Una pequeña mirada basta para darse cuenta de que la ceremonia anterior se ha terminado. El iniciado pregunta si falta mucho, puesto que la ceremonia comenzó desde las ocho de la mañana y falta poco para las seis y media de la tarde. El iniciado no ha comido nada, está ayunando a la fuerza. Los dos babalaos que sostenían los platos con las navajas y las tijeras, ahora sostiene dos platos pero con pintura, una blanca y otra roja y continúan sosteniendo los gallos debajo de los brazos y las velas encendidas.

Comienza el canto llamado "sullere", llamando esta vez a un demonio llamado "oturafun" y comienzan a pintar la cabeza del individuo con cascarilla blanca, mezclada con aguardiente, desde el medio de la cabeza hacia un lado, y desde el medio de la cabeza al otro lado, con pintura roja obtenida de un polvo rojo llamado "osun", mezclado con aguardiente también. Forman un círculo con las pinturas como si fuera una corona, la corona de la muerte.

Todos los babalaos presentes han pasado por frente al "niófito" y con la yema de los dedos le han pintado su signo en la cabeza, tanto en la parte blanca como en la parte roja. Desde el punto de vista material lo que puede verse en ese cuarto solamente es un grupo de hombres pintándole la cabeza a otro sentado en una silla. Pero en el mundo espiritual el cuarto está lleno de representaciones espirituales malignas, llenando el cuerpo de ese hombre que no sabe que la ceremonia que se está dejando hacer lo conduce a la muerte eterna y no solamente eso, si no, que muchas personas por este hombre, van a ser contaminadas por el virus espiritual satánico que está en la santería y que está acabando con familias completas que son atraídas por las consultas oscurantistas.

También tenemos que darnos cuenta de que cada uno de los santeros mayores presente en aquel cuarto también tienen un espíritu dentro de sus cuerpos entre los que hay uno de nombre orunla, espíritu que vive, gobierna y disfruta las vidas de los hombres llamados babalaos.

Reflexión.

En todo esto queda manifiesto claramente que los hombres están completamente engañados y ciegos, aunque puedan ver. Saben que la ceremonia es espiritual, mientras los nombres de los muertos que no saben en realidad quienes son, los llaman pensando que realmente existen y no son capaces de reconocer por sí mismos que es un engaño y una burla de espíritus que los utilizan con un propósito. También comen sangre inclinando su cabeza sin usar las manos como animales, y por esa ceremonia se paga más de diez mil dólares.

Verdaderamente, en muchas ocasiones cuando yo practicaba la santería como babalao, me preguntaba para dentro de mí que quién era realmente orunla, y de dónde habían salido todos estos signos tan complejos. Me contestaba yo mismo que los africanos de aquellos tiempos no podían ni sabían escribir nada de eso, y ni siquiera podían pensar. Llegué a la conclusión, que, en el fondo, existía una mente muy inteligente detrás de todos esos signos y lenguas usadas en la santería. Si no se sabía nada de esos ídolos era por lo oculto de las ceremonias y por lo secreto de todas esas cosas. Por lo que me dispuse a aprender todo lo que pudiera de esas funciones espirituales. Mientras aprendía todo lo que podía, algo llamó poderosamente mi atención y era que cuando se le daba de comer a un ídolo llamado olokun, algunos de los babalaos que estaba presente se tenía que morir según se dice. En la forma que se decía esto, era que la muerte de esta persona no era porque Dios quería, sino, que esta muerte se le proporcionaba a la persona sin que Dios quisiera a través de una brujería hecha por los otros supuestos hermanos o padrinos de la persona escogida.

El signo que saca el nuevo babalao.

El signo que saca el nuevo awo, como se le llama, es motivo de tensión ya que allí se encierran muchas cosas, según las creencias entre otras cosas dice cómo va a vivir la persona y quién es el personaje que va a hospedarse dentro del cuerpo del iniciado.

Esta ceremonia donde se saca el signo de la persona se llama ita y de estos itases hay tres durante la semana que demora la ceremonia.

La persona iniciada tiene que estar durante una semana dentro de ese cuarto donde no podrá ver ni hablar con nadie que no sea babalao. Dentro de ese cuarto siempre tienen que haber dos velas encendidas todo el tiempo, para que según se cree, no llegue un personaje que representa la oscuridad, llamado oragún.

Llamado oragún.

Debo decirles que al igual que el santero, lo que se habla ese día al nuevo babalao es para el espíritu que está dentro de él, que ya a esa hora, se encuentra de lo más contento porque ha logrado sembrarse dentro de su reinado que es la persona. Ahora él va a comer con la persona, va a tener sexo con las mujeres que tenga el iniciado, va a poner su carácter dentro del individuo y tomará todas las decisiones que desde ahora en adelante este personaje tome.

De la misma manera que se origina la sacada del signo del nuevo iniciado así pasa en los dos días más que se le hace el famoso ita.

La comida de olofi.

Pero en el medio de la semana es el día que se da de comer al ídolo mayor de la religión santera. Este es un ídolo muy grande y digo grande no por el tamaño físico del ídolo, que en realidad está montado en una lata que su parte superior se encuentra soldada para que no se salga todas las cosas que tiene dentro. Me refiero a los materiales con que fue fabricado por un hombre. ¡Se imaginan ustedes!

> *"Los ídolos de ellos son plata y oro, Obra de manos de hombres. Tienen boca, mas no hablan; Tienen ojos, mas no ven; Orejas tienen, mas no oyen; Tienen narices, mas no huelen; Manos tienen, mas no palpan; Tienen pies, mas no andan; No hablan con su garganta. Semejantes a ellos son los que los hacen, Y cualquiera que confía en ellos". Salmo 115, 4–8.*

La famosa lata tiene un tamaño aproximado de una lata de galletita de soda pequeña.

El miércoles como a las 6 de la tarde empieza a comer el tal olofi.

Este ídolo come palomas blancas, puede comerse lo mismo 12 que 24 palomas de una sola vez.

"Antes digo que lo que los gentiles sacrifican, a los demonios lo sacrifican, y no a Dios; y no quiero que vosotros os hagáis partícipes con los demonios". 1 Corintios 10, 20.

Claro está que el ídolo nada es, ni tampoco es, lo que representa el ídolo físicamente, pero les puedo asegurar que en ese lugar, a esa hora, una representación satánica grande espiritualmente hablando se encuentra allí recibiendo la sangre de todas esas palomas que son decapitadas con la mano; arrancadas las cabezas y echando la sangre alrededor de la lata embarrándola por fuera.

Mientras esa matanza está teniendo lugar en el cuarto de las matanzas que es frente al neófito que se está consagrando, solo pueden estar babalaos de a pares, no puede haber nones, si sale uno otro tiene que salir o tiene que entrar otro, pero siempre tiene que haber pares.

Después que toda la sangre de las palomas es echada en ídolo, comienzan entonces a cubrirlos con las plumas, arrancándoselas a los cuerpos con la mano.

Algo que yo siempre me preguntaba era por qué había que darle sangre a todos esos muertos. Solo cuando llegué a Jesús supe que la vida de la carne está en la sangre. Los demonios necesitan la sangre para ellos sentirse bien y tomar vida.

Los siete días "el yorye".

Cuando se cumplen los siete días hay una tremenda y última ceremonia. Es el día que el recién iniciado tiene que salir del cuarto donde ha estado por espacio de siete días.

Esta persona que acaba de venderle, sin saberlo, su alma al diablo, ha estado esperando con ansias estos últimos días, con alegría y con temor al mismo tiempo, porque tiene ganas de salir de ese tremendo lugar que parece un infierno, pero también sabe que para salir de ahí tiene que recibir una tremenda mano de palos que le van a proporcionar sus propios hermanos de religión.

A la hora precisa le son entregados al nuevo babalao un machete y un azadón más conocido por una guataca, instrumento que se usa en el campo para cortar las yerbas. Sus pantalones son arremangados hasta las rodillas el dorso de su cuerpo sin camisa, la cabeza raspada con navaja al cráneo y los pies descalzos.

Mientras tanto, afuera de la casa donde hasta ahora todo había sido oculto, la muchedumbre se aglomera para ver cuando sale este infeliz que va ser apaleado, los familiares más cercanos toman puestos con el fin de darle ánimo a su protegido, esposo o padre.

Los babalaos ya experimentados se preparan en dos filas en el patio que tiene que tener suficiente espacio para que el nuevo babalao pueda correr hacia dentro del cuarto cuando termine de sembrar algo que le darán como parte de la ceremonia en unos surcos supuestos artificialmente.

La ceremonia consiste en que el neófito tiene que salir por siete veces al patio y en cada una tiene que hacer la siembra mientras los demás babalaos le dan con unos cujes bien flexibles, llamados rasca barriga.

En esta ceremonia se dice que mientras más palos le den menos palos les dará la vida. Sin embargo, no saben que los palos más fuertes se los da la muerte, si ella los sorprende sin arrepentirse de todos sus pecados y recibir a Jesucristo como su Salvador Personal.

¿Cómo queda aquel hombre que por fin salió del cuarto después que le dan los palos aproximadamente treinta o cuarenta babalaos? Muchos de ellos tienen fama de dar duro porque ellos dicen que a ellos le dieron duro. ¡Eso se lo voy a dejar a su imaginación!

Ya es el último día y ponen una gran mesa donde primero comen los mayores en tiempo de haberse hecho el famoso ifa después los menores. La casa está llena de gente tomando cerveza, ron, comiendo, y riendo alegres. Pero en las sombras invisibles, las fuerzas del mal con su jefe Satán a la cabeza, van llenando de diferentes espíritus a todos los participantes de la comelata con una transferencia de espíritus por participación.

Y esto lo notarán más tarde cuando empiecen a tener problemas en sus vidas como uno a uno van llegando a casa de los babalaos para consultarse sin saber que los problemas que ahora tienen se lo crean los mismos espíritus que trabajan con la brujería.

CAPÍTULO 7

SACRIFICIOS Y DESECHOS DE ANIMALES

Caminando por las calles de la ciudad y por los suburbios, encontramos por las esquinas de las calles, cuerpos de animales muertos que se nota que han sido sacrificados por brujerías. También se encuentran en las líneas del tren, debajo de las matas grandes y pequeñas, en las orillas del mar, y en los montes. Los cuerpos de animales muertos son de gallos, gallinas, palomas y también se han visto entrañas de animales tales como chivos. Estos sacrificios son hechos por los llamados "santos", ídolos de la santería y la brujería.

Las Sagradas Escrituras nos explican que lo sacrificado a los ídolos, a los demonios se sacrifica.

> *"¿Qué digo, pues? ¿Que el ídolo es algo, o que sea algo lo que se sacrifica a los ídolos? Antes digo que lo que los gentiles sacrifican, a los demonios lo sacrifican, y no a Dios; y no quiero que vosotros os hagáis partícipes con los demonios".*
> *1 Corintios 10, 19–20.*

Donde se sacrifican los ídolos hoy se encuentran los espíritus de demonios, los cuales vienen de diferentes lugares por la sangre derramada. Satanás sabe que esos cuerpos muertos de animales ensucian la ciudad y que la mayoría de los demonios trabajan en la suciedad.

Muchas de las personas que ven los animales muertos les tienen miedo y este miedo atrae otros espíritus de temor. El temor hace que las personas respeten esas cosas de brujos, de manera que esto facilita que los que trabajan esas brujerías lo hagan con cierta impunidad que ni aun la sociedad protectora de animales ha podido resolver.

En otras palabras, inspiran temor a la población y muchos se sugestionan por la presencia de esas brujerías tiradas en los lugares antes mencionados.

Las pestes y los demonios.

También las brujerías tiradas como desperdicios traen peste. La peste es un demonio que trabaja directamente con la muerte en los cuerpos en putrefacción; el mismo que crea epidemias y enfermedades en la población. Las Escrituras bíblicas nos hablan de la peste destructora en el Salmo 91, 3:

"Él te librará del lazo del cazador, De la peste destructora".

Observen ustedes amigos, cómo las escrituras señalan la peste como destructora y todos sabemos el porqué.

También tenemos que reconocer que la pestilencia es un espíritu del mal que se mueve en la oscuridad y ataca a los hombres, mujeres y niños de la población colocándole enfermedades con el fin de conducirlos a la muerte, porque estos espíritus andan juntos.

"Ni pestilencia que ande en oscuridad, Ni mortandad que en medio del día destruya". Salmo 91, 6.

Estos espíritus, la muerte y la enfermedad están en comunidad. El aspirar la peste o el olor a muerte que se despide de los cuerpos en estado de putrefacción, causa enfermedad o epidemia porque origina la entrada en acción de espíritus que se mueven en ese ambiente.

Si nos acercamos a las escrituras bíblicas, nos podemos dar cuenta que todo es un plan diabólico ya que Satanás goza con destruir la bella creación de Dios que somos los hermanos.

La insalubridad favorece la aparición de peste.

En muchas ocasiones, estos desechos o sacrificios de brujerías son comidos por animales tales como perros y gatos, llevando así a las casas los demonios. También pueden entrar en los animales ya que la sangre que en estos animales muertos se encuentran, atraen a los demonios. Todos sabemos que la sarna es una de las enfermedades que se producen en los animales al comer carne con sangre cruda.

"Había allí un hato de muchos cerdos que pacían en el monte; y le rogaron que los dejase entrar en ellos; y les dio permiso". Lucas 8, 32–32.

Cuando yo estaba en esa religión les mandaba a las personas limpieza de animales o limpiarse con pedazos de carnes. Les decía que las botara en algún lugar para que un perro se lo comiera y de esta forma las personas creían que se limpiaban, pero, sin embargo, al ser ayudadas por las obras de santería que es contra lo que Dios ha establecido, las personas hacían pactos con los demonios y vendían su alma al diablo, que es el que gobierna las obras de las tinieblas.

La gente que hace estos sacrificios, aparentemente sus cosas le van bien, pero su fin es de muerte. La trampa consiste en que Satanas deja momentáneamente de oprimirlos para que crean que el brujo resolvió el problema.

En el Antiguo Testamento, cuando los sacerdotes levitas puestos por Dios hacían los sacrificios ante el altar, los restos de los animales eran incinerados o quemados y estos sacrificios se tenían como olor grato. Estos holocaustos se hacían en el santuario único puesto por Dios para que nadie hiciera ningún sacrificio fuera de ese lugar.

"Y el sacerdote se pondrá su vestidura de lino, y vestirá calzoncillos de lino sobre su cuerpo; y cuando el fuego hubiere consumido el holocausto, apartará él las cenizas de sobre el altar, y las pondrá junto al altar". Levítico 6, 10.

Es necesario que todos sepan que Satanás quiere que lo adoren y se ha hecho el dios de este siglo para que sus seguidores sacrifiquen animales a los demonios.

"Y el sacerdote se pondrá su vestidura de lino, y vestirá calzoncillos de lino sobre su cuerpo; y cuando el fuego hubiere consumido el holocausto, apartará él las cenizas de sobre el altar, y las pondrá junto al altar". Levítico 17, 6–9.

Jesús hizo el único sacrificio del nuevo pacto y dio su vida por toda la humanidad de manera que no se necesitan más sacrificios. Solo tenemos que venir a Jesucristo y él nos limpia de todo pecado y nos hace una nueva persona (al nacer de nuevo en Cristo Jesús).

Los animales muertos tirados en las calles, en los montes, en la línea del tren y en todos esos lugares donde se tiran o sacrifican, son de olor desagradable para los hombres de buenas costumbres y desagradables a Dios Todopoderoso. Conoceréis la verdad y la verdad os hará libre.

En el Salmo 27 las Sagradas Escrituras nos dicen que los enemigos del hombre son los espíritus malignos que los angustian en sus artimañas con el propósito de inducirlos a la muerte la cual come carne. Esto aclara que donde existan los cuerpos muertos, la muerte viene con el propósito de hacer su obra destructora ya que esa es su función, y los hombres que realmente ignoran la realidad de todas esas cosas sobrenaturales, se prestan por dinero para hacerle el juego a esos espíritus del mal. Yo, como babalao, hacía todas estas cosas de las cuales me arrepiento.

Jehová es mi luz y mi salvación; ¿de quién temeré? Jehová es la fortaleza de mi vida; ¿de quién he de atemorizarme? Cuando se juntaron contra mí los malignos, mis angustiadores y mis enemigos, para comer mis carnes, ellos tropezaron y cayeron. Aunque un ejército acampe contra mí, No temerá mi corazón; aunque contra mí se levante guerra, yo estaré confiado. Una cosa he demandado a Jehová, ésta buscaré; que esté yo en la casa de Jehová todos los días de mi vida, para contemplar la hermosura de Jehová, y para inquirir en su templo. Porque él me esconderá en su tabernáculo en el día del mal; me ocultará en lo reservado de su morada; sobre una roca me pondrá en alto. Luego levantará mi cabeza sobre mis enemigos que me rodean, y yo sacrificaré en su tabernáculo sacrificios de júbilo; cantaré y entonaré alabanzas a Jehová. Oye, oh Jehová, mi voz con que a ti clamo; ten misericordia de mí, y respóndeme. Mi corazón ha dicho de ti: buscad mi rostro. Tu rostro buscaré, oh Jehová; no escondas tu rostro de mí. No apartes con ira a tu siervo; mi ayuda has sido. No me dejes ni me desampares, Dios de mi salvación. Aunque mi padre y mi madre me dejaran, con todo, Jehová me recogerá.

Enséñame, oh Jehová, tu camino, y guíame por senda de rectitud A causa de mis enemigos. No me entregues a la voluntad de mis enemigos; porque se han levantado contra mí testigos falsos, y los que respiran crueldad. Hubiera yo desmayado, si no creyese que veré la bondad de Jehová en la tierra de los vivientes. Aguarda a Jehová; esfuérzate, y aliéntese tu corazón; sí, espera a Jehová.

Reflexión.

Jesús llama al análisis de la cuestión que nos ocupa hoy. Si la ciudad y sus alrededores se encuentran llena de cuerpos de gallos, gallinas, palomas, chivos y entrañas de estos animales muertos los cuales son sacrificados a los demonios, ¿cómo se encontrarán los aires de esta ciudad y sus alrededores? Por supuesto que también están llenos de espíritus demoniacos de muerte, enfermedad y dolores. Y no solamente eso, sino que en todos esos sacrificios no puede faltar el alcohol como es el aguardiente, ron y tabaco. Como es lógico, los espíritus de alcohol y de tabaco funcionan en cada rito. Todos conocemos cuántos muertos y enfermos estos demonios entregan a la muerte todos los años.

Es necesario un llamado a los hombres pensantes que analizan cuántas vidas están en riesgo y que ayuden mientras puedan a que la comunidad re grese a Dios, Padre, Hijo y Espíritu Santo, que es Jesús, el único que puede salvar, sanar y libertar a la humanidad de todos esos espíritus antes mencionados.

Jesús hace todas las cosas nuevas y tiene todo poder para cambiar la vida de todo aquel que cree. Él cambió mi vida y la de millones que han reconocido que no estamos solos en este mundo y que son más los que están con nosotros que los que están con ellos.

CAPÍTULO 8

LAS SUPERSTICIONES

L as verdades que nosotros podemos razonar con nuestra propia mente y encontrar una explicación material adecuada, son verdades naturales.

Sin embargo, encontramos verdades que aun sabiendo que existen, no podemos razonar con relación a ellas porque se encuentran más allá de nuestro razonamiento natural, porque las mismas son sobrenaturales.

Las supersticiones se encuentran en la categoría de sobrenaturales a lo que es igual, espirituales. Para poder entender o comprender sobre las cosas espirituales, tenemos necesariamente que hablar de lo que dice Dios el padre de los espíritus.

En primer lugar, existe un poder espiritual que está regido por el único y verdadero Dios Jehová de los ejércitos que creó todos los espíritus, y cuando los creó, los hizo buenos a todos.

"Perfecto eras en todos tus caminos desde el día que fuiste creado, hasta que se halló en ti maldad". Ezequiel 28, 15.

El mal no puede existir sin el bien, pero el bien sí puede existir sin el mal. El mal es producto del bien cuando el bien se ha corrompido, cuando se ha deteriorado, entonces existe el mal.

Estando en el reino de los cielos unos cuantos espíritus, de los que Dios había creado, torcieron su camino formando un grupo de espíritus de maldad, los cuales fueron echados de los cielos por la fuerza y despojados de su dignidad.

"Y fue lanzado fuera el gran dragón, la serpiente antigua, que se llama diablo y Satanás, el cual engaña al mundo entero; fue arrojado a la tierra, y sus ángeles fueron arrojados con él". Apocalipsis 12, 9.

Por esa razón han venido a la tierra a engañar a los hombres de todas las maneras que les sean posibles, y lo hacen de un modo tan profesional y tan sofisticado que apenas los hombres lo notan.

Miraba el otro día un programa de televisión que tenía el propósito de encontrar si los demonios existían o no; pero todo lo hacen porque no quieren reconocer las Sagradas Escrituras.

Las señales se están viendo claramente, y cómo esos espíritus de demonios están tomando los cuerpos de los humanos y los están haciendo ejecutar actos escalofriantes en contra de su voluntad.

Tenemos cerca de nosotros en las escuelas niños matando sus compañeros, sus maestros, madres matando sus niños, hombres matando madres, padres, y abuelos.

Las noticias son dadas de un modo sensacional, pero nadie quiere darse cuenta de que no estamos solos en este planeta.

Las señales del fin se están mirando claramente.

"Y el hermano entregará a la muerte al hermano, y el padre al hijo; y se levantarán los hijos contra los padres, y los matarán". Marcos 13, 12.

Y no crea usted amigo lector que me he salido del tema que nos ocupa, sino, que todo se encuentra ligado a un plan macabro de destrucción de la humanidad por estos espíritus que al no poder luchar contra Dios tratan contra los hombres.

Estos espíritus no son visibles a ti, ellos no son visibles a mí; ellos son ángeles caídos llamados demonios y están en este mundo material, pero no tienen cuerpo físico para ellos poder mentir, odiar, comer, tener sexo, beber, envidiar, matar, etc.

"No tenemos lucha contra sangre y carne, sino contra principados, contra potestades, contra los gobernadores de las tinieblas de este siglo, contra huestes espirituales de maldad en las regiones celestes". Efesios 6, 12.

Los demonios pueden ver lo que nosotros hacemos también, pueden oír lo que decimos y se especializan en hablarle a la mente de los hombres transmitiéndoles sus pensamientos o deseos, de manera que la persona no se dé cuenta de que está siendo influenciada en sus pensamientos, y crea que son sus propios pensamientos.

Si la persona obedece a los pensamientos que le han aconsejado los malos espíritus ellos pueden mantenerse lo más cerca de la persona posible e inclusive, penetrar en su cuerpo. Una vez que la persona le obedece en sus deseos, por el motivo que sea, este espíritu específicamente va a formar parte de la concupiscencia de esta persona.

La concupiscencia es un deseo ilegítimo, el deseo es el ánimo de poseer o disfrutar algo y el ánimo es un espíritu. De manera que la concupiscencia es el espíritu que inspira deseos a una persona de hacer, tener o disfrutar algo que no se ajusta a la ley de Dios.

> *"Bienaventurado el varón que no anduvo en consejo de malos, Ni estuvo en camino de pecadores, Ni en silla de escarnecedores se ha sentado". Salmo 1, 1.*

Después que alguien ha adquirido un espíritu de concupiscencia, este se mantiene siempre influyendo en la persona tratando de inclinarla a que continué haciendo la voluntad de este espíritu en aquella área de su vida en que la obedeció. Y cada vez que la persona obedece a esta acción espiritual, el espíritu tendrá más control de este individuo. Otra de la función de este espíritu es permitir que otros espíritus puedan penetrar en el cuerpo.

Cuando el hombre recibe a Jesús y se arrepiente de todos sus pecados, entonces Jesucristo lo limpia de todas estas acciones que hayan logrado penetrar en esta persona.

Debo decirle amigo lector, que estas acciones de concupiscencia, una vez que Jesús las echa del hombre, siempre tratarán que la persona vuelva a servirles, pero si el hombre se mantiene en Cristo, no podrán porque dice en su Palabra lo siguiente:

> *"Así que, si el Hijo os libertare, seréis verdaderamente libres". San Juan 8, 36.*

> *"Por medio de las cuales nos ha dado preciosas y grandísimas promesas, para que por ellas llegaseis a ser participantes de*

la naturaleza divina, habiendo huido de la corrupción que hay en el mundo a causa de la concupiscencia". 2 Pedro 1, 4.

Primeramente, les ha dado la conciencia la cual le avisa antes de que la persona realice algún acto y desde el momento en que la persona piensa en realizarlo, le dice: "No lo hagas".

En muchas oportunidades le dice las razones porque no lo debe hacer, cuando la persona rehúsa oír la voz de su conciencia entonces pierde un poquito de su sensibilidad al oírla nuevamente en otra cuestión, puesto que los razonamientos vanidosos entenebrecen la conciencia.

La conciencia del hombre se encuentra en él desde que nace ya que la misma es propiedad del espíritu de vida que Dios le da al hombre para que viva. Este espíritu de vida estaba con Dios antes de encarnar. La conciencia se activa cuando el hombre tiene uso de razón. Y nos deja apreciar nuestra condición espiritual.

"Porque las cosas invisibles de él, su eterno poder y deidad, se hacen claramente visibles desde la creación del mundo, siendo entendidas por medio de las cosas hechas, de modo que no tienen excusa. Pues habiendo conocido a Dios, no le glorificaron como a Dios, ni le dieron gracias, sino que se envanecieron en sus razonamientos, y su necio corazón fue entenebrecido. Profesando ser sabios, se hicieron necios". Romanos 1, 20–22.

Hubo un cabecilla en la rebelión de los demonios que deseaba ser adorado como un dios. Este pasó a ser el adversario enemigo de los hombres, Satanás.

"Tú que decías en tu corazón: Subiré al cielo; en lo alto, junto a las estrellas de Dios, levantaré mi trono, y en el monte del testimonio me sentaré, a los lados del norte; sobre las alturas de las nubes subiré, y seré semejante al Altísimo". Isaías 14, 13– 14.

Entre la multitud de engaños que ellos les proporcionan a los hombres en esta tierra se encuentra la llamada superstición, la cual vamos a hablar en este capítulo.

Superstición… creencia extraña a la fe, contraria a la razón.

Las supersticiones son herencias que tradicionalmente son pasadas de generación en generación, cosa que los demonios han aprovechado a toda capacidad.

"Mirad que nadie os engañe por medio de filosofías y huecas sutilezas, según las tradiciones de los hombres, conforme a los rudimentos del mundo, y no según Cristo". Colosenses 2, 8.

Siendo ellos conocedores de las Sagradas Escrituras, se valen de ellas poniendo en dificultad a todos los que no conocen las leyes que Dios ha establecido y sacan provecho y atacan a todos los violadores.

"Jesús le dijo: Si puedes creer, al que cree todo le es posible". San Marcos 9, 23.

"Entonces Jesús dijo al centurión: Ve, y como creíste, te sea hecho. Y su criado fue sanado en aquella misma hora". San Mateo 8, 13.

Los demonios saben que si las personas creen que algo malo va a pasar cuando hacen lo que tradicionalmente se le ha enseñado que no lo haga porque es malo; al realizarlo la persona, los demonios se encuentran con derecho a entrar en acción contra la persona que supersticiosamente ha violado los términos supersticiosos que los mismos demonios han establecido.

Usted, que no conoce la vida espiritual, comprenderá que todos los espíritus tienen una función.

El de robar, roba. El de odiar, inspira odio. El de fornicar, inspira sexo a la persona. El de rencor, hace que la persona sea rencorosa y trata por todos los medios de mantener vivo ese rencor porque ese es su trabajo.

¿Por qué esto pasa? Porque el hombre se ha alejado de Dios.

Dios tiene muchos espíritus buenos, de amor, espíritus de paz, de gozo, de alegría, de inteligencia, bondad, y ellos inspiran lo que son.

Si los hombres nos acercamos a Dios, él nos da de sus espíritus y nos hace ser felices y nos hace comprender cuán equivocado estamos. Perdona nuestros errores, porque Dios es bueno y para siempre es su misericordia. Pero si nos acercamos al malo ellos tuercen las Escrituras para sus beneficios macabros, de manera que ponen en acción los espíritus que llevan a cabo los castigos.

La superstición de "el gato negro": Este es una de las supersticiones más generalizadas que existe, ya que casi en el mundo entero se cree que cuando un gato negro se atraviesa en el camino de alguna persona trae mala suerte a la persona que le pasó por delante.

Si esto le sucede a una persona supersticiosa lo primero que viene a la mente es: «Me pasó un gato negro por delante y ahora voy a tener mala suerte». Si eso es lo que usted cree, puede producirse porque en su corazón comienza a originarse un acontecimiento, que, aunque todavía no se ha materializado, ya ha sido concebido.

El corazón, espiritualmente hablando, se encuentra dividido en dos lugares. Uno donde podemos guardar acontecimientos buenos y en el otro, acontecimientos malos.

"El hombre bueno, del buen tesoro del corazón saca buenas cosas; y el hombre malo, del mal tesoro saca malas cosas".
Mateo 12, 35.

Entonces si la persona se encuentra sugestionada por la superstición lo que crea eso es lo que le va a pasar pues su corazón está lleno de malos pensamientos y del corazón salen los acontecimientos.

"Pero decía, que lo que del hombre sale, eso contamina al hombre. Porque de dentro, del corazón de los hombres, salen los malos pensamientos, los adulterios, las fornicaciones, los homicidios, los hurtos, las avaricias, las maldades, el engaño, la lascivia, la envidia, la maledicencia, la soberbia, la insensatez. Todas estas maldades de dentro salen, y contaminan al hombre".

Es necesario que los hombres comprendan que las supersticiones son trampas que el enemigo de los hombres ha preparado para ellos poder entrar en los cuerpos de las personas y dar rienda suelta a sus maldades.

El entregar todas nuestras malas creencias a través de un arrepentimiento sincero a nuestro Señor Jesucristo, hace que todas esas supersticiones no tengan ninguna vigencia sobre nuestras vidas, porque Jesús hace todas las cosas nuevas.

Por muchos años fui víctima de las supersticiones hasta con la comida. Se me había enseñado, por culpa de los demonios que funcionan en la santería, que no podía comer coco ni tampoco comer calabaza. Yo no podía chiflar porque era malo, no me podía poner las manos en la cabeza porque era malo también, y no podía pasar por debajo de una escalera. La lista era interminable. Y lo triste del caso es que después que estás metido en la superstición no hay manera de salir. El único que te puede libertar se llama Jesús.

"Y conoceréis la verdad y la verdad os hará libre". San Juan 8, 32.

La inteligencia de estos espíritus es grande, no solo porque tienen algún poder y pueden realizar muchos engaños, sino, que tienen muchos años de lucha contra la humanidad a través de los tiempos. Pero el poder más grande que ellos tienen es la ignorancia del hombre respecto a las leyes que Dios ha establecido, y la forma de lucha vencedora a través del único nombre que esos demonios tienen que respetar, Jesucristo.

Los pueblos del mundo, cada uno tienen sus propias supersticiones y hay que destacar que los Estados Unidos de América tiene más que otros lugares porque las supersticiones vienen con las personas que emigran desde todas partes del mundo.

Sueños y supersticiones.

Otra de las formas que los demonios trabajan a las personas es a través de los sueños.

Debo de aclarar que el mundo espiritual se encuentra en una dimensión diferente a la nuestra y que, en muchas oportunidades, Dios puede usar los sueños para darnos revelaciones o transmitirnos mensajes que le hacen bien al hombre y a la humanidad. Los mensajes o revelaciones que Dios le da al hombre tienen un propósito al suscitarlos, Dios obra mediante leyes de la mente y puede usar causas secundarias.

"Cuando llegó Gedeón, he aquí que un hombre estaba contando a su compañero un sueño, diciendo: He aquí yo soñé un sueño:

Veía un pan de cebada que rodaba hasta el campamento de Madián, y llegó a la tienda, y la golpeó de tal manera que cayó, y la trastornó de arriba abajo, y la tienda cayó".
Jueces 7, 13.

Este sueño que le acabo de mostrar es un vivo ejemplo de que Dios puede mostrar los sueños y su interpretación porque es conocedor de todas las cosas y este sueño sirvió para que Gedeón ganara la batalla contra el enemigo.

Dios le mostró a José el sueño de las vacas gordas y las vacas flacas porque era plan de Dios bendecir a José y a toda su familia al igual que a Egipto, declarándole la interpretación.

Sucedió que por la mañana estaba agitado su espíritu, y envió e hizo llamar a todos los magos de Egipto, y a todos sus sabios; y les contó Faraón sus sueños, mas no había quien los pudiese interpretar a Faraón. Entonces el jefe de los coperos habló a Faraón, diciendo: Me acuerdo hoy de mis faltas. Cuando Faraón se enojó contra sus siervos, nos echó a la prisión de la casa del capitán de la guardia a mí y al jefe de los panaderos. Y él y yo tuvimos un sueño en la misma noche, y cada sueño tenía su propio significado. Estaba allí con nosotros un joven hebreo, siervo del capitán de la guardia; y se lo contamos, y él nos interpretó nuestros sueños, y declaró a cada uno conforme a su sueño. Y aconteció que como él nos los interpretó, así fue: yo fui restablecido en mi puesto, y el otro fue colgado. Entonces Faraón envió y llamó a José. Y lo sacaron apresuradamente de la cárcel, y se afeitó, y mudó sus vestidos, y vino a Faraón. Y dijo Faraón a José: Yo he tenido un sueño, y no hay quien lo interprete; mas he oído decir de ti, que oyes sueños para interpretarlos. Respondió José a Faraón, diciendo: No está en mí; Dios será el que dé respuesta propicia a Faraón. Entonces Faraón dijo a José: En mi sueño me parecía que estaba a la orilla del río; y que del río subían siete vacas de gruesas carnes y hermosa apariencia, que pacían en el prado. Y que otras siete vacas subían después de ellas, flacas y de muy feo aspecto; tan extenuadas, que no he visto otras semejantes en fealdad en toda la tierra de Egipto. Y las vacas flacas y feas devoraban a las siete primeras vacas gordas; y éstas entraban en sus entrañas, mas no se conocía que hubiesen entrado, porque la apariencia de las flacas era aún mala, como al principio. Y yo desperté. Vi también soñando, que siete espigas crecían en una misma caña, llenas y hermosas. Y que otras siete espigas menudas, marchitas, abatidas del viento solano, crecían después de ellas; y las espigas menudas devoraban a las siete espigas hermosas; y lo he dicho a los magos, mas no hay quien me lo interprete. Entonces respondió José a Faraón: El sueño de Faraón es uno mismo; Dios ha mostrado a Faraón lo que va a hacer. Las siete vacas hermosas siete años son; y las espigas hermosas son siete años: el sueño es uno mismo. También las siete vacas flacas y feas que subían tras ellas, son siete años; y las siete espigas menudas y marchitas del viento solano, siete años serán de hambre. Esto es lo que respondo a Faraón. Lo que Dios va a hacer, lo ha mostrado a Faraón. He aquí vienen siete años de gran abundancia en toda la tierra de Egipto. Y tras ellos seguirán siete años de hambre; y toda la abundancia será olvidada en la tierra de Egipto, y el hambre consumirá la tierra. Y aquella abundancia no se echará de ver, a causa del hambre siguiente la cual será gravísima. Y el suceder el sueño a Faraón dos veces, significa que la cosa es firme de parte de Dios, y que Dios se apresura a hacerla. Por tanto, provéase ahora Faraón de un varón prudente y sabio, y póngalo sobre la tierra de Egipto. Haga esto Faraón, y ponga gobernadores sobre el país, y quinte la tierra de Egipto en los siete años de la abundancia. Y junten toda la provisión de estos buenos años que vienen, y recojan el trigo bajo la mano de Faraón para mantenimiento de las ciudades; y guárdenlo. Y esté aquella provisión en depósito para el país, para los siete años de hambre que habrá en la tierra de Egipto; y el país no perecerá de hambre". Génesis 41, 8–36.

Basado en todas estas interpretaciones y todos estos sueños el enemigo de las almas, Satanás que no ha podido crear nada en esta tierra ni tampoco ha podido vencer a Dios Todopoderoso, se las ha ingeniado para torcer la verdad aprovechándose de un pueblo que ha sido creado por Dios para adorar, para creer en algo. Entonces usa los sueños que él y sus demonios les ponen a los humanos de manera que puedan ellos guiarlos a la adoración satánica.

De un modo encubierto, claro está, disfrazado de horóscopo, de lectura de las manos, de espiritismo científico, de adoradores de imágenes, etc. de lo que Dios dice:

> *"Cuando entres a la tierra que Jehová tu Dios te da, no aprenderás a hacer según las abominaciones de aquellas naciones. No sea hallado en ti quien haga pasar a su hijo o a su hija por el fuego, ni quien practique adivinación, ni agorero, ni sortílego, ni hechicero, ni encantador, ni adivino, ni mago, ni quien consulte a los muertos. Porque es abominación para con Jehová cualquiera que hace estas cosas, y por estas abominaciones Jehová tu Dios echa estas naciones de delante de ti. Perfecto serás delante de Jehová tu Dios". Deuteronomio 18, 9–13.*

En estos tiempos tenemos en nuestra sociedad personas que trabajan para el poder satánico. Sin saberlo, muchos se dedican a interpretar sueños y no solamente los tratan de interpretar, sino, que también dan recetas oscurantistas.

Los sueños son sugestivos a tal grado que en muchas ocasiones las personas quedan verdaderamente encantadas por el mensaje que esconden los sueños. Cuando una persona es supersticiosa los sueños realizan en ella una especie de encantamiento y los mismos la llevan directo a casa del espiritista o santero babalao, etc.

Superstición y sugestión.

Sugestionar es inspirar a una persona a realizar actos involuntarios o dominar la voluntad de una persona. Los sueños pueden influir profundamente en la vida de una persona.

> *"Cuando se levantare en medio de ti profeta, o soñador de sueños, y te anunciare señal o prodigios, y si se cumpliere*

la señal o prodigio que él te anunció, diciendo: Vamos en pos de dioses ajenos, que no conociste, y sirvámosles; no darás oído a las palabras de tal profeta, ni al tal soñador de sueños; porque Jehová vuestro Dios os está probando, para saber si amáis a Jehová vuestro Dios con todo vuestro corazón, y con toda vuestra alma. En pos de Jehová vuestro Dios andaréis; a él temeréis, guardaréis sus mandamientos y escucharéis su voz, a él serviréis, y a él seguiréis. Tal profeta o soñador de sueños ha de ser muerto, por cuanto aconsejó rebelión contra Jehová vuestro Dios que te sacó de tierra de Egipto y te rescató de casa de servidumbre, y trató de apartarte del camino por el cual Jehová tu Dios te mandó que anduvieses; y así quitarás el mal de en medio de ti".
Deuteronomio 13, 1–5.

La persona que es supersticiosa es sugestionable, es influenciada fácilmente por los espíritus que la aconsejan ir a las consultas ya que esta persona no ha encontrado solución a su aparente problema. No puede darse cuenta que los que le crearon la aparente situación fueron los mismos espíritus que ahora le aconsejan ir a las consultas.

Desde el momento que una persona decide ir a la consulta de un santero o espiritista, cartomántica, etc., su cuerpo está siendo utilizado por esos espíritus de demonio y su alma está dando pasos contundentes hacia el mal que conduce al laberinto del infierno.

"Y el hombre o la mujer que evocare espíritus de muertos o se entregare a la adivinación, ha de morir; serán apedreados; su sangre será sobre ellos". Levítico 20, 27.

Quizás alguien diga que conoce a muchas personas que son espiritistas y no se han muerto aun, pero debo decirle para salvación de la humanidad que existen dos muertes diferentes, una es la muerte física, y la otra es la muerte espiritual.

Dios tiene una vida eterna para todos los hombres y mujeres que reconozcan y crean en que Jesús murió por todos en la Cruz del calvario y se arrepientan de todos sus pecados.

Si la muerte física sorprendiere a ese santero o ese espiritista o a ese brujo sin arrepentirse y muriere, entonces perdería la vida espiritual para la cual Dios tiene un nuevo cuerpo específico e incorruptible eternamente.

El hombre debe de saber que es un espíritu que vive dentro de un cuerpo material y que un día, tarde o temprano, tendrá que salir del mismo para encontrarse con Dios para vida eterna si se arrepintió a tiempo o para la segunda muerte, si continúa trabajando para los demonios aunque no lo sepa.

> *"Y el mar entregó los muertos que había en él; y la muerte*
> *y el Hades entregaron los muertos que había en ellos; y*
> *fueron juzgados cada uno según sus obras. Y la muerte y el*
> *Hades fueron lanzados al lago de fuego. Ésta es la muerte*
> *segunda". Apocalipsis 20, 13–14.*

Doy gracias a Dios que me sacó de la misma muerte por su misericordia para que les diga a todos las cosas que hasta ahora se han mantenido ocultas, y esos secretos que son los que permiten que muchas personas inocentes caigan en las manos de Satanás a través de sus religiones, bajo el engaño de que Dios está en las religiones. El tiempo se ha cumplido, arrepentíos y creer en el evangelio.

Sabemos que nadie puede impedir que los sueños vengan en las noches y los mismos son muy variados y diferentes al extremo que a veces no comprendemos tantas cosas extrañas que suceden en los sueños. Pero lo importante es en primer lugar, saber de qué parte vienen los sueños, espiritualmente hablando.

Para saber, tenemos que oír lo que Dios enseña en las Sagradas Escrituras.

Las visiones que vienen de Dios llevan el sello del Espíritu Santo y no dejan lugar a dudas, pues están llenas de sabidurías, purezas, de verdad, y de justicia.

Lo que aconsejo como guerrero espiritual es que cuando una persona sueñe cosas malas, en primer lugar, no las cuente a nadie y trate por todos los medios de olvidarlo.

Y si el sueño malo persiste en venir a su mente, persista usted en olvidarlo tantas veces como sea necesario. Cante alabanzas de los Salmos a Dios en esa forma ellos tendrán que alejarse de la persona.

No permita que nadie venga a contarle un sueño extraño que tuvo con usted. Si la persona se lo cuenta sin que usted pueda impedirlo, interrúmpala y dígale: "Yo no recibo ese sueño" y no lo reciba ni se deje sugestionar por él. Y con más fuerzas, si el sueño era que algo malo le pasaría. Este es Satanás tratando de sugestionar o amedrentar a alguien

Desgraciadamente hay personas que se gozan en contar los sueños malos y te dicen: "Hay mi hijito, cuídate, porque soñé contigo algo terrible". De esa forma dan el recado de parte de los malos espíritus.

"Porque: El que quiere amar la vida y ver días buenos, refrene su lengua de mal, y sus labios no hablen engaño; apártese del mal, y haga el bien; busque la paz, y sígala", 1 Pedro 3, 10–11.

Resguardos y amuletos.

A todas las personas les agrada sentirse protegidas el saber que algo sobrenatural los resguarda. Los hace sentir bien y a veces les gusta decir: "yo tengo una protección". Esto como que les da confianza la cual no tienen en sí mismo.

Como es natural, los amuletos o resguardos son una rama de la idolatría y son auspiciados por espíritus asociados al mal.

Amuleto. (Objeto portátil a que se le atribuye virtud sobrenatural)

Resguardo. (Seguridad, defensa)

Dentro de este modo de oscurantismo se encuentra una variada y extensa gama de objetos los cuales se usan con el mismo fin, pero son entre sí muy diferentes, no solamente en las formas en cuanto a la estética, sino que tienen diferentes jerarquías, ya no solo los amuletos o resguardos, sino, los espíritus que los ministran.

Con esto no quiero decir que estos espíritus se depositan o se adhieren a ninguno de estos (serafines) como les llama las Sagradas Escrituras, sino, que cada amuleto que es adquirido por una persona también adquiere un espíritu de demonio que va a estar con la persona dirigiendo su vida y participando en todas las cosas que la persona haga.

Tampoco quiero decir que el resguardo o amuleto signifique nada si no que es el medio visual que los demonios saben que las personas necesitan ver para creer, como santo Tomás.

> *"¿Qué digo, pues? ¿Que el ídolo es algo, o que sea algo lo que se sacrifica a los ídolos? Antes digo que lo que los gentiles sacrifican, a los demonios lo sacrifican, y no a Dios; y no quiero que vosotros os hagáis partícipes con los demonios".*
> *1 Corintios 10, 19–20.*

De esta manera la persona recibe una transferencia espiritual acorde con la que tiene el que le entrega el famoso resguardo o amuleto. Con relación a la llamada transferencia espiritual, una persona que trabaja el espiritismo o palero, santero, babalao tienen pactos con las fuerzas del mal (Satanás), el mismo tiene cantidad de demonios que poner en circulación. Así que cuando una persona es ayudada aparentemente por las fuerzas del mal también recibe un espíritu que va con la persona a través de un pacto aunque el individuo no sepa nada.

El tipo de resguardo santero en cualquiera de sus denominaciones tiene que comer sangre, aguardiente, tabaco, o sea, que hacen fiesta los malignos.

> *"Y nunca más sacrificarán sus sacrificios a los demonios, tras de los cuales han fornicado; tendrán esto por estatuto perpetuo por sus edades". Levítico 17, 7.*

A continuación, incluyo una lista de los diferentes resguardos y amuletos usados engañosamente por los oscurantistas, sin contar los que faltan.

Piedras preciosas	Pata de conejo
Piedras	Caracoles
Semillas de plantas	Plumas de loros
Medallas	Colmillos

Mientras describo estos materiales u objetos que ninguno sirve para nada, me doy cuenta cómo se reían de mí los demonios cuando me pasaba los días buscando basura para trabajar la brujería y dejando el dinero en las botánicas para tratar de preparar algo tremendo, y creía que yo era el gran brujo. ¡Cuánta ignorancia había en mí!

Las veces que envié a personas a conseguir cosas que eran casi imposible de conseguir, pero como yo era sacerdote de ifá sabía que a laspersonas le gustaban los trabajos fuertes, por lo tanto, tenía que aparentar que el trabajo era tremendo y los materiales difíciles y satánicos.

Desde el lado donde me encuentro ahora me da tristeza ver cuántas personas inocentes corren como locos buscando la solución a susproblemas.

Amigo, amiga, la solución a toda la problemática que asedia a las familias está hoy en Jesucristo. Corre y sálvate, *él es el camino, la verdad y la vida y nadie irá al Padre si no es por Jesús.*

CAPÍTULO 9

TESTIMONIO DE ORLANDO OVIEDO

Cuando nací en Cuba ya mi madre practicaba la religión santera, ella trabajaba la santería, el espiritismo, consultaba a las personas que venían a la casa, les hacía resguardos y le hacía la ceremonia para convertirlos a santeros, y a la misma vez, ahijados de ella. Tenía muchos ahijados en toda Cuba, producto de la santería.

Recuerdo que ella caía en transe con esos espíritus de demonios y mientras ella estaba en transe metía sus manos en la candela sin sufrir quemaduras producto de la posesión de esos demonios. Ella consultaba tirando los caracoles que es una de las muchas maneras de consultar para adivinar a través de los signos y letras. También celebraba fiestas a los demonios, pero en particular, al demonio oggun, tocando tambores en nuestra casa. Estas fiestas duraban dos días y dos noches, muchas personas y ahijados venían desde muchas partes distantes para participar en las famosas fiestas.

Cuando cumplí los 6 años mi madre me llevó a la consulta de un hombre llamado babalao, y él le dijo que a mí me había que hacer muchas ceremonias y también tenía que ser babalao como él, según le dijo a mi madre. Esta noticia fue motivo de alegría en mi casa porque el ambiente que se vivía era ese, de santería y espiritismo y se creía que el hacer la ceremonia de babalao era un privilegio porque era algo grande dentro de aquellas creencias ignorantes de la realidad de Dios.

"Cuando entres a la tierra que Jehová tu Dios te da, no aprenderás a hacer según las abominaciones de aquellas

naciones. No sea hallado en ti quien haga pasar a su hijo
o a su hija por el fuego, ni quien practique adivinación,
ni agorero, ni sortílego, ni hechicero, ni encantador, ni
adivino, ni mago, ni quien consulte a los muertos. Porque
es abominación para con Jehová cualquiera que hace estas
cosas, y por estas abominaciones Jehová tu Dios echa estas
naciones de delante de ti. Perfecto serás delante de Jehová tu
Dios. Porque estas naciones que vas a heredar, a agoreros y
a adivinos oyen; mas a ti no te ha permitido esto Jehová tu
Dios". Deuteronomio 18, 9– 14.

Desde muy pequeño me comenzaron a hacer obras religiosas, como ponerme los collares, que consiste en baños de plantas y a través de distintas ceremonias, se me colocó collares que representan los diferentes ídolos en el cuello. Me presentaron delante de aquellos ídolos y mientras iba creciendo aprendía con mi madre de todo aquello que hacía. Fui rayado en palo (palero) y también me hicieron padre de palero (tata). La ceremonia de palero, ya expliqué algunas cosas importantes anteriormente que es necesario que todos conozcan. También me hicieron el llamado "santo" como ustedes pudieron leer al comienzo de este libro. Las partes principales de algunas ceremonias de la congregación santera. Luego, cuando estaba entre los veinte y los veinticinco años, me hicieron el famoso ifa, este es el nombre que se le da a la ceremonia de hacerse babalao. Esta es una ceremonia que discrimina a las mujeres, ya que solamente se le puede hacer esta ceremonia a los hombres. Estas se consideran tan secretas que ningún santero las puede ver ni saber, nadie más que los babalaos.

Ya con el ifa hecho, se presentó la salida de Cuba por el éxodo del Mariel y en el 1980 salí rumbo a Estados Unidos de América.

Después que una familia, la cual nombro en mis agradecimientos, me sacó de donde me encontraba en una base, fue a la gran ciudad de Nueva York y allí comencé a trabajar la brujería. Aparentemente las cosas marchaban bien y puse una botánica en la cual seguía haciendo consultas y trabajos de santería, hasta que un día me encontraba en el Bronx, haciendo babalaos a otros individuos.

La última ceremonia que asistí como babalao

El mundo espiritual es muy grande, complicado y encierra muchas cosas difíciles de entender, y a veces increíble desde el mundo natural y material en que vivimos. Pero es necesario que alguien explique y testifique lo vivido, para que otras personas puedan conocer la verdad y puedan salvarse de ir al infierno.

Esta era la última ceremonia de consagrar a babalaos que yo asistiría como babalao sin yo saberlo puesto que las fuerzas espirituales del mal, comandadas por Satanás, tenían decidido que un babalao tenía que morir y ese era yo.

Comprenda usted.

Al iniciarse un hombre como sacerdote de ifa babalao:

1. Le es colocado a través de la ceremonia de ifa, un espíritu conocido por orunla, el cual reconoce a este iniciado dentro de las huestes espirituales de maldad comandado por Satanás.

2. Este espíritu que ha sido puesto dentro de este hombre, lo autoriza a conocer los secretos del oráculo de ifa y trabajar con los 256 espíritus que rigen el oráculo.

3. Se debe de entender que nace un nuevo babalao y a los efectos, se le da un nombre nuevo.

4. Este espíritu de demonio tiene la jerarquía de un rey. Tendrá dinero, mujeres y todos en la religión tendrán que poner sus dos manos en el piso y besar sus manos cada vez que se encuentren frente a cualquiera que pertenezca a la religión santera, y muchos tendrán que arrodillarse frente a él y besar el piso.

5. Todo este respeto y todos esos bienes tienen una finalidad. Este hombre ha prestado su cuerpo, su alma y su vida para que un jerarca satánico viva dentro de él y gane adictos a través de las consultas, entregándoles ídolos y comprando almas de los que requieren favores espirituales.

Al igual que ese espíritu fue puesto dentro del cuerpo de ese hombre por una ceremonia que lo hizo nacer en la religión, por otra ceremonia es sacado de dentro del cuerpo ese espíritu y entonces se produce la muerte espiritual de ese hombre dentro de la religión. Con este fin yo fui invitado a esos ifa ya que para hacer la ceremonia que sacaba de mi cuerpo el espíritu de órunla produciendo la muerte espiritual como babalao, tenía que estar presente, pero sin saber lo que se tramaba.

Una vez que es hecha la ceremonia donde existe un entierro, todos aquellos espíritus que antes trabajaban en coordinación conmigo ahora eran mis enemigos y tenían un solo propósito, acabar conmigo.

Los que eran mis hermanos de religión, que se encontraban en el lugar, se despedían de mí como nunca, algunos me abrasaron, los noté tristes y en esas condiciones salí para mi casa ese día, un día de las madres. Sin saber lo que me esperaba.

Por eso, cuando salí de aquel cuarto de ifa donde se consagraban a nuevos babalaos y llegué a mi casa, sentí sensaciones extrañas a mi alrededor. Me faltaba el aire, se me nublaba la vista, los oídos comenzaban a oír un intenso silbido, mientras yo buscaba aire abriendo las ventanas, mi esposa caminaba detrás de mi preguntándose qué me pasaba. Yo contestaba que no sabía, pero la falta de aire se agudizaba. Todo me daba vueltas, el aire me faltó definitivamente mientras abriá otra ventana. Pude percatarme que las bombillas de la luz explotaban mientras yo caía al piso desfallecido en medio de una absoluta oscuridad al lado de la ventana abierta a medias. No sé qué tiempo pasó mientras estuve en aquella oscuridad de aquel túnel negro. De pronto vi una luz en lo profundo de aquel largo túnel, la luz venía hacia mí, vertiginosamente, mientras yo abría los ojos.

Mi esposa lloraba desconsoladamente al igual que nuestro primer niño de casi un año. Ella me preguntaba cómo me sentía y me tocaba la cara, pero no podía contestarle porque comencé a vomitar todo lo que tenía en mi estómago y pude ver que de mi estómago salieron cosas extrañas, monedas y algo negro, con una mezcla extraña.

Creo seriamente que allí salieron todos los espíritus que tenía dentro, los que adquirí en las ceremonias que tenía hechas anteriormente. Mi esposa me relató que mientras yo estaba en el piso, me sacudía estirándome como alguien que se estaba muriendo y mis ojos estaban en blanco. Seguía diciéndome ella que en medio de esa confusión de tristeza, llanto y desespero, oyó una voz que de un modo especial, dulce, clara pero con autoridad, le dijo: "Dale aire que se queda", y al instante sintió que una corriente de aire tomó su cuerpo dándole valor para inclinarse hacia mí que ya yacía en el túnel negro y darme aire de su boca. Después de limpiar la espuma que salió por mi boca regresé de aquel horrible túnel, a la vida.

Todo estaba pasando de un modo tan rápido que no me podía dar cuenta completamente. Todavía creía en los ídolos que tenía. Me imaginaba que algo extraño había pasado en el lugar de donde venía de las ceremonias ya que muchos me abrazaron al retirarme como despidiéndose de mí y otros me miraron extraño. Por eso, me senté en el piso y me consulté yo mismo con los ídolos.

Producto de la consulta que me hice, comencé a hacerme limpiezas con animales ya que se me empezaron a producir dolores por todo mi cuerpo. Eran dolores como producidos por pinchazos. Yo quería quitarme los dolores, pero cada vez que mataba un animal, los dolores aumentaban y se hacían irresistibles. Les cuento que las bombillas de la luz se explotaban en la casa.

Un miedo comenzó a apoderarse de mí porque ya mi esposa lo tenía y decidimos recoger las cosas y los ídolos e irnos de la casa que estaba oscura. Llegamos a Manhattan desde el Bronx donde vivíamos, pero no pude hacer más nada pues caí en la cama retorciéndome de dolores, estaba en la casa de una ahijada que tenía y comadre al mismo tiempo.

Mi esposa lloraba otra vez sentada en la cama donde estaba yo con los dolores. Mientras me retorcía en aquella cama, recordaba a mi madre que hacía varios años que no veía y lo que me decía siempre: "Hijo, por encima de Dios, no hay quien pueda". Fue entonces que clamé a Dios, a Jesús, y él respondió al instante.

Entre la cortina de la ventana comenzó a entrar en aquella habitación una poderosa luz, un rayo de luz que iluminó mi rostro tan fuerte, que tuve que cerrar mis ojos y cuál fue mi asombro, cuando comencé a ver mi vida entera como una película. Aquella visión me enseñaba todas mis maldades. Yo sentía que tenía que arrepentirme y me arrepentí. La película seguía y yo me arrepentía y notaba que mientras me arrepentía y pedía perdón, los dolores desaparecían de mi cuerpo hasta lo último. Cuando terminé de arrepentirme, los dolores cesaron.

Ahora, al contrario, ¡qué bien me sentía! ¡Qué alegría invadía mi ser, que deseos de trabajar, de vivir diferente! Mi vida pedía un cambio, todo esto lo experimentaba y era lindo. De pronto, oí una voz desde dentro de mí, pero audible a mis oídos, y esa voz me dijo claramente: "Basta de brujerías, Orlando, no más gallos, no más gallinas, no más chivos ni chivas". Yo estaba atónito, pero alegre. Me sentía liviano y estaba seguro que un gran peso se había quitado de encima de mí, ahora era algo nuevo.

Entonces le dije a mi esposa: "Ayúdame a recoger todos estos ídolos". Los eché en bolsas y salimos hacia un puente de Brooklyn, Nueva York. Paré el carro frente al puente y caminé hasta el centro del mismo, y en el medio, tiré hacia el mar todos los ídolos.

Mientras tiraba a los ídolos que tenía hacia el mar, me sentía bien contento. Miré al cielo y algo en la claridad del cielo me decía que yo era un hombre nuevo. Sentía en mi estómago una efervescencia agradable. Sintiendo esa sensación agradable, comencé a salir del medio del puente y entonces algo en mi oído izquierdo comenzó a decirme cosas. Era una voz ronca como todo lo opuesto a la dulce voz que sentía dentro de mí que ahora me decía: "No te detengas, sigue adelante".

Por el contrario, la voz de afuera de mis oídos era mala como cuando restriegan cristales rotos en el piso. Más bien, eran chillidos crujientes que balbuceaban palabras que dolían a mi oído. La voz decía: "La culpa la tiene tu mujer, coge el cuchillo y mátala, sí, mátala. Ella es la culpable de lo que te está pasando". Según salí del puente y me acercaba al carro donde había dejado a mi esposa, la voz se hacía más fuerte y más insistente. Ahora puedo darme cuenta que yo me encontraba en el centro de dos fuerzas espirituales y que aquel momento fue decisivo para mí. Había llegado el momento que tenía que decir sí con Dios o con el diablo, pero no sabía que todo estaba sucediendo tan rápido. Dios, en su misericordia, me estaba salvando de las garras de Satanás, el cual tenía mi vida por muchos años anteriores y ahora trataba de que yo matara a mi esposa en el momento más grande de mi existencia para perderme por completo en el mal. El momento era grande porque la lucha por mi alma llegaba al instante más determinante.

Amigos, hermanos, Jesús estaba echando una batalla tremenda por mi alma en aquellos momentos. Jesús decía: "Yo morí por él en la cruz del calvario también".

Seguía caminando rumbo al carro donde me esperaba mi esposa y empecé a ver visiones o imaginaba que veía visiones. Llegué al carro donde me esperaba Evy. Ella me estaba observando mientras me acercaba y lloraba porque dice que mis facciones cambiaban y mi mirada se endurecía hacia ella. Yo estaba bastante confundido y sentí miedo. Los nervios comenzaban a fallarme otra vez mientras aquella siniestra voz martirizaba mis oídos. "Mata a tu mujer, mátala. Ella es la culpable".

Yo no le confesaba a ella lo que estaba pasando pero ella se daba cuenta y creía que yo me estaba volviendo loco y me dijo: "Vámonos para Puerto Rico que yo te voy a cuidar allí. Podemos encontrar a alguien que te ayude". Ella sabía que yo no quería pedir ayudar a ninguno de los que habían sido mis hermanos porque sabía que algo estaba pasando. Lo único que me sostenía era la voz interior que continuaba diciéndome: "No te detengas, sigue adelante".

El diablo quería acabar conmigo, pero Dios me cuidaba. Aunque permitía todo lo que yo estaba pasando porque la voz interior me iba enseñado a cada instante. Traté de llegar al aeropuerto después de sacar unos siete mil dólares del banco, ya que tenía dinero que había ganado en diferentes ceremonias, más la botánica que tenía y la casa de mi propiedad que recién había vendido.

No sé qué pasaba que no podía encontrar el aeropuerto. Manejé por horas sin poderlo encontrar. Yo conocía bien todo Nueva York, Manhattan, Bronk, Brooklyn, Queens, New Jersey, pero algo me lo impedía y daba vueltas.

Regresé a Manhattan y estacioné el carro en un lugar y llamé por teléfono a mi ahijado que lo recogiera. Alquilé un taxi y llegué al aeropuerto. Nos pusimos en una lista de espera y de esa forma llegamos a Puerto Rico en la noche. Recuerdo que llovía mucho a esa hora. Rentamos un carro y conseguimos un hotel en un lugar llamado Condado.

Una vez en el hotel las voces seguían su tra-bajo. Solo que esta vez me decían: "Lo que tu mujer tiene dentro del vientre es lo que tú necesitas para hacer una tremenda brujería para acabar con tus enemigos". Este era otro intento de los espíritus del mal para que yo le hiciera daño a mi esposa de manera que acabara conmigo.

Estas cosas las trato de explicar bien porque a pesar de que son tristes, son las mismas que Dios me hacía ver como hoy en día cantidad de hombres y mujeres está matando a sus familiares, a madres, mujeres, niños, padres, amigos y supuestos enemigos, por esas voces en muchas y diferentes formas y maneras. Y esto ocurre por las fuerzas de espíritus malos que agobian a la humanidad por la falta del verdadero Dios en las vidas de las personas y por el desconocimiento que hay en los humanos con relación a la vida espiritual que existe y que siempre ha existido. Solo que en estos últimos tiempos se están manifestando agresivamente porque ellos saben que les queda poco tiempo para hacer daño.

Yo hago un llamado a la humanidad desde este humilde escrito, para que tomen conciencia y regresen a Dios, y a los dirigentes que puedan llegar a grandes masas de pueblos, que permitan que los niños aprendan de Dios y que todos busquemos a Jesucristo que en él hay salvación y vida.

En una discusión que tuvimos en el hotel, encerré a mi esposa en el baño. Las discusiones surgían de la nada, aparentemente sin razones. Nos pe-leamos. Ella salió y trajo la policía porque yo me quería quedar con el niño. La policía le dio el niño a ella y ella se fue del hotel y a mi me dejó en el hotel.

Comencé a caminar por las calles de Puerto Rico sin ningún lugar donde ir, las voces seguían, pero ahora el plan diabólico cambió. Las voces ahora me decían: "Ya no tienes mujer, ya no tienes hijos, ya no tienes familia, ya no eres babalao. Mátate, mátate, ya no sirves para nada. Cobarde, mátate, mátate cómo estás. Mátate".

El miedo se apoderó más de mí; caminaba, lloraba tristemente recordando a mis hijos que no veía por muchos años, recordando a mi madre y a mi hermano Héctor y decía: "Si mi hermano estuviera aquí, Dios mío". Entonces dije: "Regresaré a Nueva York porque yo no conozco a nadie en Puerto Rico". Ya hacía varios días que caminaba por la ciudad de Borinquen y cogí un taxi y fui al aeropuerto y saqué un pasaje a Nueva York. La maleta que tenía la boté con ropa y todo porque me estorbaba para caminar. Solo tenía una bolsa con dinero y muchas pesetas que guardaba de las consultas en las que yo cobraba $10.25 por cada una.

Entre otras cosas, pude darme cuenta que lo que me estaba pasando era lo mismo que yo le había hablado en las últimas ceremonias a los babalaos que se iniciaban en el Bronx, antes de caer sin vida en aquel túnel negro.

Por la escuela que Dios me estaba haciendo pasar era grandísima porque a cada instante la voz interior me decía esto. Es por aquello y esto es por lo otro y de esta forma me declaraba todo lo acontecido en medio de aquella odisea. Mientras el diablo continuaba su macabro plan, Dios se glorificaba en mi vida interior. Me di cuenta de que de algún modo los espíritus del mal que ahora veía en Nueva York, tres en cada esquina, querían dejarme sin dinero porque comencé en un arranque de tristeza por toda las persecuciones de que estaba siendo objeto al tirar a la calle, el dinero que tenía en la bolsa, que eran más de quinientos dólares en pesetas. Los veía y me gritaban. Yo estaba como en otra dimensión y solo sé que podía ver lo que otros no veían hasta que oí las voces de la gente que decían: "mira, un pordiosero, se volvió loco y está tirando el dinero".

Estaba en Nueva York pero tuve miedo de ir a mi casa porque creía que algo malo me esperaba en aquel lugar donde las luces se apagaron y el túnel era negro. Y a modo de chiste, yo dije: "Pa' su escopeta. Ahí no voy yo. ¡Tú estás loco, con lo que me pasó allí! ¡Qué va! ¡Más nunca vuelvo a esa casa!".

Bueno, tiré casi todo el menudo que tenía en la bolsa en la calle Broadway de Manhattan. Regresé al aeropuerto con el firme propósito de ir a Miami y aunque nunca había estado allí, ya que la persona que me ayudó a salir de la base donde me encontraba al llegar de Cuba después de tocar Cayo Hueso, me llevó a Nueva York.

El avión de Nueva York a Miami aterrizaba, y un día después era un pordiosero más caminando por las calles del Downtown de Miami. Los niños me miraban porque era un sucio que caminaba y mis ojos derramaban lágrimas. En el Downtown de Miami aquellas visiones comenzaron a darme vueltas y notaba que cada vez que ellos lograban dar vueltas alrededor de mí, algo se oscurecía en mi mente por lo que decidí caminar sin pensar ya que la voz interior nunca me abandonó y me decía: "No te detengas". Anduve por la autopista sin parar, fueron varios días de intensa angustia. Llegué a un pueblo y traté de descansar y comer algo en una gasolinera. La barba me había crecido un poco, estaba bastante sucio, los nervios ha-cían que cuando orinaba, terminaba dentro de mis pantalones. Con esto quiero decirle que tenía peste, estaba irreconocible y en esta circunstancia traté de rentar un cuarto en un hotel, pero me lo negaron. Decidí acostarme con unos cartones detrás de una gasolinera, pero vino un carro de patrulla de la policía. Entonces les hablé en inglés y les dije que no era un pordiosero o un "homeless" y que tenía dinero para rentar una habitación. Los dos policías me montaron en el carro de la patrulla y me llevaron al motel que les dije. Ellos se quedaron mirando a la persona que estaba en la carpeta y entonces me rentaron esa noche una habitación. Pude bañarme ese día, pero no pude dormir porque sentía ruidos en mis oídos, parecido al ruido de los carros cuando caminaba por las orillas de la autopista y el sonido de las ruedas contra el pavimento, las bocinas. Me parecía que los ruidos venían de la habitación de al lado mío. Luego, parecía que venían de arriba y así pasé toda la noche. Alguien no quería que yo durmiera y antes de que amaneciera, estaba caminando otra vez por la autopista.

Llegué a otro pueblo, me senté en el piso y aquellos espíritus comenzaron a darme vueltas otra vez. Fue entonces que cogí la línea del tren. Entonces mi voz interior me dijo: "Por eso los pordioseros caminan por la línea del tren, para huir de la persecución espiritual".

Caminé todo ese día hasta la noche por ese lugar, los zapatos se me rompieron y los pies se me ensangrentaron. Recuerdo que a la caída de la noche compré unas chancletas en una gasolinera y me puse a llorar fuertemente en el borde de la acera y lloraba tan fuerte que las personas que pasaban me decían: "Mira, un "homeless" llorando!" Mientras lloraba bien duro y audible para los que pasaban, sentí aquella maravillosa voz que me dijo: "Ahora párate, que tienes familia". Entonces mi mente se hizo clara para mí. Me paré y me miré, desde los pies, todo mi cuerpo y pude ver entonces que era un sucio harapiento y que no era nada. Porque ¿quién era yo para que nadie se arrodillara delante de mí como se arrodillaban las personas que venían a mi casa a las consultas y que yo no era nadie para que hiciera arrodillar a las personas delante de los muñecos que yo tenía como ídolos y dioses?

Dios, el único Dios, Jehová de los Ejércitos, que envió a su hijo Jesús a morir por todos, es al único que debemos adorar y arrodillarnos delante de su presencia. Dios me humilló hasta lo más sucio para que comprendiese que él es el Dios Todopoderoso. ¡Gloria a Dios!

Mi estómago se sintió con aquella alegría otra vez, tenía deseos de vivir, ahora sabía que Dios no estaba clavado en un madero. Ahora sabía que Dios no estaba en ninguna foto, ni en ningún ídolo, cualquiera que este fuera. Ni tampoco ningún hombre tiene que arrodillarse delante de ninguna cazuela ni rendir pleitesía a ningún hombre por muy padrino que sea.

Busqué un taxi, le rogué al chofer que me llevara al aeropuerto, ya que por la peste que tenía y la suciedad en mi persona, nadie me quería llevar al aeropuerto. Después supe que estaba cerca de Orlando, pueblo de mi nombre.

Dios puso al buen samaritano y me llevó al aeropuerto en ese taxi. En esas mismas condiciones saqué un pasaje a Nueva York al llegar, pasó lo mismo con los taxis, pero Dios proveyó otro taxista samaritano y me llevó hasta la casa de Manhattan donde la luz me había iluminado cuando llegué, toqué la puerta, y vi a mi esposa Evelyn que había regresado de Puerto Rico. Ella me abrió la puerta, le pedí perdón y le dije: "Vámonos a casa de tu madre", que ella se había convertido a Cristo Jesús y había estado orando por tres años en una iglesia pentecostal en la ciudad de Baltimore, Maryland.

Llegamos al barrio y fuimos a la iglesia esa misma noche. Sin que nadie predicara todavía, pasé al frente sin que nadie me llamara y le dije a Dios que me sacara de esa situación, le dije: "Yo te voy a servir por toda mi vida".

Ninguno de los ídolos que le servía comprando almas de los inocentes mediante los pactos que hacían por los servicios prestados pudo hacer nada por mí, porque no pueden salvar a nadie. Pero yo clamé a Jehová y él me oyó y se inclinó a mí y me hizo sacar del pozo de la desesperación y puso mis pies sobre peña y me hizo cantar un cántico nuevo al Dios que hizo los cielos y la tierra, Jesucristo.

CAPÍTULO 10

TESTIMONIO DE MI MADRE MARÍA VICTORIA ACEA

Después de mi conversión a Cristo, una madruga me levanté con muchos deseos de ver a mi madre. Comencé a orar, eran como las tres de la madrugada y sentí muchos deseos de llorar por mi madre. Esa madrugada lloré y oré hasta que amaneció. Tres días más tarde me llama una sobrina que tenía viviendo en Nueva York y me dice: "Mi mamá está aquí porque tú la mandaste a buscar". Enseguida me puse de acuerdo con mi sobrina para sacarle el pasaje a mi madre desde Nueva York a Miami y unos días después ella llegaba junto a mí.

Me senté con ella y le hablé del evangelio de Jesucristo y ella me oyó atentamente y cuando terminé de explicarle, me dijo: "Hijo, yo quiero recibir a Jesús como mi Salvador personal". Yo sentí una alegría inmensa y ella lloraba porque le conté todo lo que me había pasado y cómo me acordé de lo que ella me había dicho: "Que por encima de Dios no hay quien pueda".

Todavía teníamos familia en Cuba que no conocía a Cristo, pero teníamos que llamar por el teléfono para tratar que algunos de los familiares botara todos los ídolos que se habían quedado en nuestra tierra natal.

Lo difícil que era que un pariente, que respetaba los ídolos que todos sabían que por más de setenta años mi madre había cuidado y adorado, se dispusiera a botarlos.

Mi sobrino Manolo, que no conocía a Cristo, dijo: "Yo los voy a botar todos"; y se pudo deshacer de ellos. Hoy ese sobrino se encuentra en Miamiy se entregó también a Jesús.

Mi querida madre tuvo que echar la buena batalla ya que el enemigo la atacaba con sueños malos. A pesar de sus años aprendió a ayunar y a defenderse con la Palabra en contra de las huestes satánicas.

También debo de decirles que ella le sirvió a Jesús pues estuvo conmigo en un programa radial donde testificó para la gloria de Dios. Desde el momento que se convirtió a Jesús estaba siempre en todas las iglesias dondeyo testificaba.

Mi madre y mi hermana en Cristo se bautizaron en las aguas y por eso estoy publicando el certificado de bautismo al final de este capítulo. Porque Cristo dijo: "Cree en el Señor Jesucristo y serás salvo tú y tu casa" y Dios había cumplido su palabra.

Mi madre fue una mujer terrible que donde vivíamos la gente le respetaba o le temía por el grado de poder maligno que tenían los espíritus de demonios que trabajaba sin saber que ayudaba a los demonios.

Hoy sé que ella se encuentra en el cielo junto al Señor porque ella se arrepintió de todos sus pecados y permaneció en Cristo hasta el último momento de su vida. Mi madre vivió 96 años y durmió en su cama hablando con mi hermano Héctor. ¡Gloria a Dios! Por eso te digo como ella te decía en la radio, ¡no importa cuántos años hayas servido al maligno en la santería, Dios puede salvarte si tienes una mirada de fe!

¡Jesús es el rey!

• Jesucristo no se aferró a ser Dios y vino a esta tierra, se encarnó para morir por todos y derramó su sangre que tiene poder para salvarnos:

"Así que, hermanos, teniendo libertad para entrar en el Lugar Santísimo por la sangre de Jesucristo". Hebreos 10, 19.

• La sangre derramada permitió que el Dios de paz nos diera un nuevo pacto eterno a través de Jesucristo:

"Y el Dios de paz que resucitó de los muertos a nuestro Señor Jesucristo, el gran pastor de las ovejas, por la sangre del pacto eterno". Hebreos 13, 20.

• Le ha dado autoridad y potestad a todos los creyentes y ha escrito nuestro nombre en el Libro de la Vida.

"He aquí os doy potestad de hollar serpientes y escorpiones, y sobre toda fuerza del enemigo, y nada os dañará". Lucas 10, 19.

• Hay poder en el nombre de Jesús:

"Porque todo aquel que invocare el nombre del Señor, será salvo". Romanos 10, 13.

• Tenemos que recibir a Jesús y vestirnos con la armadura de fe para mantenernos firmes de todos los ataques del diablo:

"Vestíos de toda la armadura de Dios, para que podáis estar firmes contra las asechanzas del diablo". Efesios 6, 11.

• Porque cuando nacemos de Dios tenemos la fe que vence al mundo, por lo cual tenemos paz y amor.

"Porque todo lo que es nacido de Dios vence al mundo y ésta es la victoria que ha vencido al mundo, nuestra fe". 1 Juan 5, 4.

Resumiendo… el poder de la sangre de Jesús, al igual que su nombre nos da la armadura para vencer al mundo teniendo autoridad sobre todos los enemigos.

Cómo salir de un pacto de santería sin tener venganza del enemigo de las almas:

- Acepté a Jesucristo como único Salvador, invitándolo a morar en su corazón. (Haga la oración que aparece en la siguiente página).

- Renuncié a todo pacto hecho consciente o inconsciente con el mundo y con la carne.

- Busqué vivir una vida con una relación personal con Dios.

- Viva una vida agradable a Dios.

- Asista a una iglesia cristiana que crea que Jesús salva, sana y bautiza con Espíritu Santo y fuego.

ORACIÓN DE ARREPENTIMIENTO

Si este libro le ha impactado y tocado su vida, en este momento usted puede recibir el regalo más precioso, que es la vida eterna, a través de aceptar a Jesucristo como Salvador Personal e invitarlo a morar en su corazón. Por favor, acompáñeme en esta oración, y repita en voz alta:

"Padre celestial, yo reconozco que soy un pecador, y que mi pecado me separa de ti. Creo que Jesús murió por mis pecados y voluntariamente, me arrepiento de todos mis pecados, y lo confieso como Señor y Salvador de mi vida. Creo, con todo mi corazón, que Dios el Padre lo resucitó de los muertos. Jesús, te pido que entres a mi corazón y cambies mi vida. Renuncio a todo pacto con el diablo, con el mundo y con la carne y hago un pacto hoy contigo de servirte por el resto de mi vida. Gracias Señor, porque soy una nueva criatura y comienzo una nueva vida. ¡Amén!".

Si la oración que usted acaba de hacer expresa el deseo sincero de su corazón, los siguientes versículos le apoyan la oración que usted acaba de hacer.

"Si confiesas con tu boca que Jesús es el Señor y creyeres en tu corazón que Dios lo levantó de entre los muertos, serás salvo, porque con el corazón se cree para justicia, pero con la boca se confiesa para salvación". Romanos 10, 9–10.

"De cierto, de cierto os digo: El que cree en mí tiene vida eterna". Juan 6, 47.

Sobre el Autor

Clemente Orlando Oviedo, nació en La Habana, Cuba, en el año 1944. Procedía de una familia que practicaba la santería, y a la misma vez se creía católica. Desde muy pequeño escribió para su madre las historias que pertenecían a los diferentes "oddun" o signos utilizados en las consultas de santería. También preparaba las enorme listas de los materiales que se necesitaban para las ceremonias de los diferentes ídolos llamados "santos". Así mismo escribía libros completos que describían los materiales que se usaban en los trabajos de los brujos, con los que su madre trabajaba para las diferentes personas y le dictaba cómo se hacían los diferentes trabajos. Fue entrenado por su madre para recoger las diferentes plantas del monte y conocer su poder curativo o destructivo dentro del mundo santero y espiritual. También su madre le enseñó a conocer y a buscar la variedad de tierras que usaban en la santería y en la palería para la conformación de cazuelas de brujos llamadas gangas. Esto fue por más de 25 años.

Sumamente interesado en conocer de todas esas cosas tales como rezos, consultas, etc., llegó a recitar de memoria por más de veinte años alrededor de quinientas historias santeras, espiritistas, de babalaos, rezos y oraciones. Tuvo una participación activa en más de cinco mil reuniones espiritistas y en los llamados recogimientos espirituales (exorcismos) sin contar las elevaciones y novenarios. Se especializó en las ciencias oscurantistas y fue conocedor de tres tipos de lenguas usadas por los santeros, paleros, babalaos y regidas por espíritus de demonios.

En la trayectoria de su vida pasada llegó a ser palero, rayado en palo como "tata". Fue santero, babalao, rayado en ozain, y "ozainista". Emigró a Estados Unidos de América en el año 1980 en el éxodo del Mariel. Estableció una casa de brujo y consultas y fue dueño de una botánica en Brooklyn, donde expandía la brujería a diferentes partes de los Estados Unidos y otros países. En su dedicación por completo a la santería por cuarenta años conoció más de quinientos cantos de tipo brujeros, ceremoniales, de festejos, fúnebres y de trabajos diabólicos.

En el año 1985, al salir de una ceremonia santera en Nueva York, tuvo un verdadero encuentro con nuestro Señor Jesucristo, el cual cambió su vida, rescatándolo para siempre del ocultismo y de Satanás. En los últimos diez años ha trabajado para la obra del Señor como evangelista y maestro.

"Y Jehová iba delante de ellos de día en una columna de nube para guiarlos por el camino, y de noche en una columna de fuego para alumbrarles, a fin de que anduviesen de día y de noche". Éxodo 13, 21.

ÍNDICE

www.ingramcontent.com/pod-product-compliance
Lightning Source LLC
Chambersburg PA
CBHW051220120626
46547CB00013B/1443